もくじ

子どもとつくる5歳児保育──本気と本気がつながって

序　　　喜びと希望を紡ぎあう保育実践の創造にむけて　　加藤繁美　6

第Ⅰ部　5歳児の発達と保育の課題　　13

第1章　仲間とともに夢を描き、未来をつくりだす子どもたち　14
　　　　──5歳児に育つ3つの力

1　「参画する主体」としての5歳児　14
2　5歳の力①──未知の世界と対話し、関係を類推し、思考しながら活動する　17
3　5歳の力②──友だちの心を想像し、多様性を認め合う　22
4　5歳の力③──こうなりたい「自分」に向かって挑戦する　24
5　「未来の市民」を育む保育　27

第2章　「参画する主体」を育てる保育とは　32
　　　　──時代が求める5歳児保育の3つの課題

1　子どもと保育者の主体性が響き合う保育の構造と「保育者−子ども」関係　32
2　5歳の保育①──子どもたちの感性と知性が豊かに耕される保育　35
3　5歳の保育②──本物志向の5歳児の本気と本気がつながり合う保育　41
4　5歳の保育③──子どもの声が聴き取られ大切にされる保育　53

第3章　5歳児クラスで立ち上げるプロジェクト・協同的活動　58
　　　　──子どもが「参画する保育」を実現する3つのポイント

1　ポイント①──プロジェクト・協同的活動を保育の中心に位置づける　59

　　　　1）プロジェクト・協同的活動とは何か　59
　　　　2）プロジェクト活動のはじまりと発展　66
　　　　3）保育者も子どもといっしょに楽しむプロジェクト・協同的活動　69
　2　ポイント②——「参画」の質を決定づける「話し合い」の質を高める　73
　　　　1）多様なタイプの話し合い　73
　　　　2）話し合いにおける配慮と工夫　75
　3　ポイント③——保育者の同僚性と記録を土台に保育実践をデザインし合う　79
　　　　1）多職種の職員による子どもの観察・記録・話し合い　79
　　　　2）1年間の集団の発展の見通しをもって　82

　　column　絵本からはじまる冒険に出かけよう！〈磯崎園子〉　21
　　column　「リクエスト給食」は民主主義のはじまり〈島本一男・大塚英生〉　31
　　column　自分たちで楽しさを追求できる園庭〈木村歩美〉　52

第Ⅱ部　5歳児クラスの実践の展開　　85

第1章　子どもの心の動きに合わせて保育をつくる——愛知・のぎく保育園　86

　1　「化石」発見からはじまった探険ごっこ　86
　2　どうやったらおもしろい？——試行錯誤の「おばけめいろ」づくり　93

第2章　自分たちの生活を自分たちでつくる——愛知・こすもす保育園　100

　1　生活の主人公は子どもたち　100
　2　もっと楽しいクラスになるためのルールづくり——お昼寝しないとどうなる？　109
　3　自分たちで企画・運営するキャンプ　113

第3章　探険に目覚めた子どもたち——東京・荻窪北保育園　119

　1　子どもの声に耳を傾ける　119
　2　合流地点を目指して出発！　129
　3　子どもの探究心の発展——まだまだ続く川探険　134

column　5歳児と楽しむアート体験（太田絵美子）　98
　　　column　自然と出会う・命にふれる（宮武大和）　140

第Ⅲ部　5歳児クラスの保育をデザインする　143
　　　――「子どもとつくる保育」を探究する園文化

第1章　5歳児の仲間関係の育ちを子どもの側からとらえ直す――愛知・のぎく保育園　144

　　1　保育者の言葉かけと子どもの実感のズレを考える――子どもにとって"友だち"とは？　144
　　2　取り組みの途中で計画を修正する――子どもたちの願いを実現するために　151

　　のぎく保育園の保育づくり――世代交代を意識した職員集団づくり　159

第2章　5歳児のまなざしはどう深まり広がるのか――愛知・こすもす保育園　160

　　1　おとなのモノサシをこえる――「できること」より大事なこと　160
　　2　"平和"について考える子どもたち　170

　　こすもす保育園の保育づくり――園内研修の工夫　174

第3章　保育者も安心して探険できる園文化を育む――東京・荻窪北保育園　175

　　1　「探険」文化がつくられていくプロセス――5歳児クラスの「お泊まり会」をめぐる試行錯誤から　175
　　2　「探険」文化はクラスをこえて、年度をこえて　187

　　荻窪北保育園の保育づくり――みんなで共有する記録　189

あとがき　190

序
喜びと希望を紡ぎあう
保育実践の創造
にむけて

1 「物語」を生きる幼児たち

　小さな子どもたちの生活は、たくさんの「物語」であふれています。

　周囲に広がる世界に「驚き」と「不思議」を感じる子どもたちは、その「驚き」と「不思議」の世界に「意味」を見出し、そうやって見つけ出した「意味」と「意味」とをつなげながら、世界に「物語」を見出していくのです。

　いっしょに生活する仲間の中に「心」があることを発見した子どもたちは、そうやって発見したさまざまな仲間の「心」と対話しながら、人と人との関係が綾なす社会を生きる、自分の「物語」をつくりだしていきます。

　そして自分の中に「心」が存在することに気づいた子どもたちは、自分自身と対話しながら、毎日の生活を送るようになっていきます。幼児期に出会うさまざまな「人生の分岐点」を、自分らしく悩み、考え、選びながら生きていくのです。そんな経験を重ねながら、自分らしい、かけがえのない「人生の物語」を紡いでいくのです。

　もちろん、集団保育の場で生成する子どもたちの「物語」は、子どもが一人で、孤独につくりだすものではありません。仲間の中で、仲間とともに、その社会を構成する一人として社会の営みに能動的に参加しながら、自分の「物語」を紡いでいくのです。つまり、仲間とつくる「集団の物語」と深くかかわりながら、それぞれの子どもの「自分の物語（個人の物語）」がつくられていくのです。

　そしておそらく、「個人の物語」のアンサンブルとして「集団の物語」がつくられていくとき、それぞれの子どもの中に、すてきな「育ちの物語」が紡がれていくことになるのだろうと思います。

ブラジルの教育学者パウロ・フレイレは、そんな形で展開する発達と教育の関係を、次のような言葉で表現しました（『希望の教育学』里見実訳、太郎次郎社、2001年）。

　　誰かが誰かを教育するのではない。
　　自分が自分ひとりで教育するのでもない。
　　人は自らを教育しあうのだ。
　　相互の交わりの中で。

　保育者が子どもを一方的に教育するという考えの誤りについては、もうここで改めて語る必要はないでしょう。そしてそれと同じように、子どもが勝手に大きくなるという考えの誤りについても、多くの言葉を要しないと思います。
　保育者と子どもの関係も、子どもと子どもの関係も、互いに尊重し合う相互のかかわりの中でつくられていくものなのです。そしてそうした相互の交わりを通して、子どもたちはその子らしく、すてきな人間に育っていくのです。

❷ 「参画する主体」として発達する幼児たち

　重要な点はその場合、一人ひとりの子どもが要求をもち、その要求を表現する「声」をもった「主体」として存在することを、保育実践の基底部分にしっかり位置づける点にあります。そしてそうやって発せられた子どもの「声」をていねいに聴き取り、その「声」を起点に保育実践をつくりだしていく点にあります。
　もちろん、ここでいう子どもの「声」とは、子どもが話した「音声」のみを指しているのではありません。まだ言葉をもたない乳児たちの「声なき思い（要求）」を含め、声としては表現されない、さまざまな子どもの思いを受け止め、その思いを正当に評価する保育実践の創造が、私たちには求められているのです。
　そんな子どもの姿を、本書の中では「**参画する主体**」と位置づけています。子どもの「声」を大切にする保育は、園生活の内容を決定する営みに子ども自身の参加・参画を保障する保育でもあるのです。
　もっとも、いくら幼児を「参画する主体」として位置づけるといっても、「参画」のレベルは年齢・発達段階によって異なります。乳幼児は、社会の営みに参加・参画する権利を保障される生活の過程で、参加・参画する能力を身につけていく存在でもあるのです。
　このシリーズでは、各巻の**第Ⅰ部**において、そうやって「参画する主体」へと育っていく

乳幼児の姿をそれぞれの年齢ごとに描きだしています。たとえば、本書を含む3歳から5歳までの「幼児巻」では、次のように特徴づけて論じています。

- 「おもしろさ」を求めて活動する3歳児
- 「思考する主体」として活動する4歳児
- 「参画する主体」として活動する5歳児

もちろん、階段を上るように、1つの段階から次の段階へと単純に移行するというのではありません。3歳児だって「参画する主体」として尊重される権利を持っていますし、5歳児だって「おもしろさ」を求めて活動する側面を失うわけではないのです。ただその場合、保育の中で子どもたちに保障する生活と活動のポイントがゆるやかに移行していくことを表現しているだけなのです。

周囲に広がる世界に「驚き」と「不思議さ」を感じながら、世界をおもしろがって生きる権利を、3歳児にはたっぷりと保障したいと思います。「集団の物語」に早くから順応することを求めるのではなく、それぞれの子どもが、その子らしい感じ方を大切に生きる権利を保障することが、3歳児には重要なのです。

これに対して、関係を生きる力が育つ4歳児は、世界を「科学」し、「哲学」しながら生きるようになっていきます。モノとモノとの間に、自分と他者との間に、そして現在と未来との間に関係があることを知った4歳児は、そこにある関係に論理を見出すようになっていくのです。だから4歳児は、けっこう理屈っぽく生きるのです。

5歳児を「参画する主体」としたのは、集団に責任を持ち、仲間と協同する力が育つこの時期に、子どもの意見を最大限尊重する保育をつくりだす必要があると考えたからです。プロジェクトとか協同的活動といった言葉で表現される、仲間と未来を切り開く活動に本格的に向き合うスタートラインに立つのが、5歳児保育なのです。

❸ 「子どもとつくる保育」を構成する4種類の生活・活動

こうして、一人ひとりの子どもの「声」に耳を傾け、そうやって聴き取られた「声」を起点に実践をつくりだしていく営みを、このシリーズでは「子どもとつくる保育」と呼んでいますが、そこで大切にされているのが、活動の発展方向を子どもと保育者がいっしょに決めていく「参画」の関係なのです。つまり、**保育計画をつくる営みに、子どもたちが「参画」する保育実践が「子どもとつくる保育」**なのです。

図　保育実践を構成する4つの生活・活動の構造

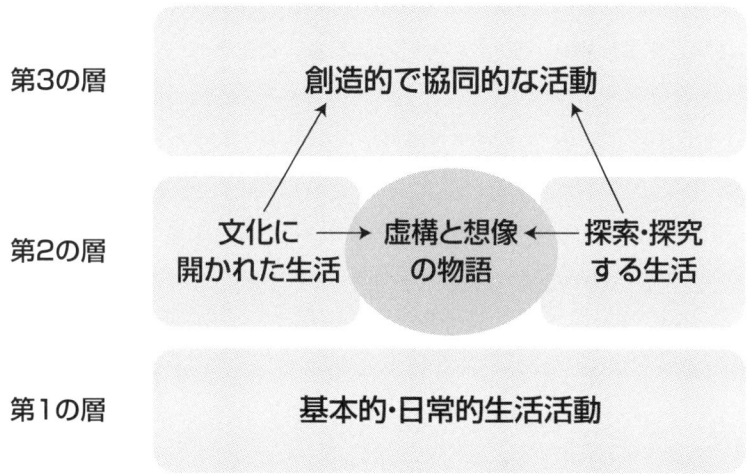

　もっともそうはいうものの、園で展開されるすべての生活・活動が、同じような「参画」の形をもつわけではありません。保育者の決めた活動に子どもたちが「参加」することもあれば、子どもが自分でおもしろいと思う活動に、ただ没頭する時間だってあるのです。
　たとえばこの本の中では、子どもたちが経験する生活・活動を4種類に分類し、さらにそれを3層構造で整理していますが（図）、ここに分類した4種類の生活・活動は、内容の差異だけではなく、「参加・参画」の4つの形態を表現しています。
　たとえばこのうち最上部に位置する〈創造的で協同的な活動〉が、子どもの声を起点に、子どもたちの「参画」で活動をデザインし、つくりだしていく、「子どもとつくる保育」を象徴する活動ということができます。主体性と協同性とを響かせながら、創造的で協同的に展開していく保育実践は、まさに「参画」する幼児たちの力が存分に発揮される保育の姿だといえるでしょう。
　これに対して第2層に位置づけられた〈探索・探究する生活〉と〈文化に開かれた生活〉は、子どもたちが経験する園生活の二本柱として機能しますが、前者が子どもの自主性・能動性を基本に展開していくのに対して、後者は保育者が準備し、計画した文化・文化財（絵本・紙芝居・うた・手あそび等）との出会いに、子どもたちが「参加」する関係を基本にしています。
　もちろん、これらの生活・活動は完全に独立した活動として組織されるわけではなく、相互に関連し合いながら、毎日の生活を形づくっていくのです。自然発生的に生まれる「ごっこあそび」の世界は、〈探索・探究する生活〉と〈文化に開かれた生活〉とが絡み合い、融合しながら、3歳児・4歳児の世界に広がっていきます。図の中ではこうして広がっていく幼児

の活動を〈虚構と想像の物語〉と整理していますが、変幻自在に生成するこの活動は、第2層の2つの生活をつなぎ、第2層と第3層とをつなぐ活動として機能することになっていきます。この〈虚構と想像の物語〉を結節点としながら、第2層で生成した活動を〈創造的で協同的な活動〉へと発展させていくことになっていくのです（ただし、活動間の結節点として機能する性格から、4種類に分類した生活・活動とは別枠で保育構造に位置づけています）。

これら3種類の生活・活動の基盤に位置づくのが〈基本的・日常的生活活動〉です。食事・排泄・睡眠・生活といった基本的生活活動と、グループ活動・係活動・当番活動といった日常的生活活動との両面を持ちながら組織されていきますが、この活動も、おとなが用意した環境やそれぞれの園の生活スタイルに子どもが「参加」することを基本に展開されていくといった特徴を持っています。ただしこれも、「他律」から「自律」・「自治」へと子どもたちの生活を誘っていく視点を持つことが重要になってきます。

以上4種類の生活・活動は、実際の実践の中では多様に融合しながら展開していきます。本書の第Ⅱ部には、そんな「子どもとつくる保育」の実践事例がたくさん登場します。幼児期の保育において、子どもの声をていねいに聴き取り、子どもを参加・参画の主体として尊重するとどんな実践になるか、そしてその際、必要とされる視点はどのようなものか、具体的・分析的に紹介しています。

④ 「子どもとつくる保育」の必要十分条件

さて、以上見てきた通り、「子どもとつくる保育」は子どもの声を起点に、子どもの権利を尊重する保育として展開されていきます。したがって、常に子どもの声に耳を傾けることを大切にすることになるのですが、それはけっして簡単なことではありません。

なぜなら保育実践の場面では、活動に無言で参加する子どももいれば、自分の思いをうまく表現できない子どもだっているのです。そしてそんな子どもの声が、保育者の耳に残らないこともあるし、保育者によって都合よく解釈されることだってあるのです。

つまり「子どもとつくる保育」は、専門家として生きる保育者の、個人的力量が大きく影響する保育でもあるのです。子どもの思いに共感するセンスも、子どもの思いをどこに向けて発展させようかと考える構想力も、子ども同士の意見の違いに対応する問題解決能力も、すべて保育者相互の間に埋めがたい差が存在するのです。そしてそのセンス・能力の質の差が、保育実践の質の差にストレートに反映してしまうところに、「子どもとつくる保育」のむずかしさがあるのです。

それゆえ、「子どもとつくる保育」を展開するに際しては、実践を記録することが何より

も大切です。そして、そうやって記録された子どもの「声」の中に、言葉には表現されていない「本当の想い」を読み取り、「明日の保育」をデザインする話し合いが、保育者集団には求められます。保育者の主観的判断と個人的能力にゆだねられることの多い保育実践の精度を上げ、実践の客観性を高めるためには、記録の質と、同僚性の質を高める努力を重ねていくことが、決定的に重要な意味を持つことになるのです。

　ところが日本の保育政策においては、このような手間のかかる保育実践研究の時間と空間を、保育者の専門性の中に正当に位置づけてきませんでした。しかも、世界的に例を見ない大量の子どもたちを抱え込む幼児クラスで、この困難な課題に挑戦することがどれだけ大変なことか、それは容易に想像がつきます。

　本書の**第Ⅲ部**は、そうした困難な現実の中、実践記録を書き、それをもとに保育をつくりだしていく各園の努力の姿が描かれています。実践記録を保育に生かす保育者は確実に増えてきたものの、それを議論する職員会議の記録には、なかなか遭遇することができません。保育者の同僚性研究も含めて、今後の深化が期待される研究課題の1つです。

❺ 時代が求める保育実践創造の課題に夢と希望を

　乳幼児を一人の人間・市民として尊重し、その声が正当に聴き取られる権利を保障する保育実践を、子どもとの応答的・対話的な関係の中でつくりだそうという「子どもとつくる保育」——この時代にこうした保育を提案する理由は大きく言って2つあります。

　1つは、21世紀を「子どもの権利」が花開く時代に発展させていく課題への挑戦です。子どもの中に生起する多様な声を、一人の人間（市民）の声として尊重する保育実践をつくりだしながら、「意味をつくりだす主体」として子どもを大切にする子ども観・保育観を、日本の保育実践の現場から提案していきたいという思いがここにはあります。

　そしてあと1つは、児童虐待問題に象徴されるように、この日本に生きる子どもたちの声がていねいに聴き取られていない現実に、社会的保育の場からこたえていくことへの挑戦です。自分の声を聴き取られながら「心の形」をつくっていくのが乳幼児期という時期だとするなら、その時期にだれかが、ていねいに子どもの声を聴き取る責任があるのです。家庭における子育ての困難が叫ばれる中、集団保育の場で子どもの声を受け止め、聴き取ることで、子どもを育てる重層的な関係を、社会に構築していく必要があるのです。

　本シリーズが豊かに読まれ、議論が広がり、この2つの現代的課題にともに挑むさまざまな「子どもとつくる保育」の実践が、大きな流れとなっていくことを期待します。

監修者　**加藤繁美**

第Ⅰ部

5歳児の発達と
保育の課題

第1章
仲間とともに夢を描き、未来をつくりだす子どもたち
―― 5歳児に育つ3つの力

「参画する主体」として生きる5歳児を支える3つの力
❶ 未知の世界と対話し、関係を類推し、思考しながら活動する力
❷ 友だちの心を想像し、多様性を認め合う力
❸ こうなりたい「自分」に向かって挑戦する力

❶ 「参画する主体」としての5歳児

大きくなった喜びを誇りにかえて――入園式に参画する

　4月の5歳児クラスは、園で一番大きい年長さんになったという喜びをもった子どもたちのエネルギーに満ちあふれています。
　5歳児は、そのような力をもてあまして、困った「いたずら」や「事件」を引き起こしてしまうこともあります。しかし、子どもたちにできることは思い切って任せて、そのエネルギーを存分に発揮できる取り組みがあれば、子どもたちは、達成感や充実感を味わうことができます。子どもたちのそのようなエネルギー（潜在的要求）を協同的活動に向かわせ、「誇り」を実感できる形にしていくと、5歳児の保育は、4月から輝いていくのです。
　たとえば、次に紹介するのは、こすもす保育園の5歳児クラスの子どもたちが「入園式」に取り組んだ事例です。

5歳児は新入園児の入園式に出て、新しい友だちを歓迎することになりました。子どもたちは保育者といっしょに話し合って、新入園児を楽しませるためのうたや手あそびを決めたり、渡すプレゼントを作ったりして準備していきます。
4月はじめ、ホールで入園式のリハーサルをしたときの様子です。

園長　「"こすもすを代表して"ってどういうことだろうね？」
子どもたち「こすもすで一番大きいから、みんなの分までってこと？」
担任　「そう、そう」
子どもたち「ふざけたり、おしゃべりしなくて！」
　　　　　「あと、トイレは先に行っておくとか」

プレゼントを渡す順番も、子どもたちの頭の中にはしっかり入っていて、保育者がまちがえても、子どもたちが教えてくれます。各クラスの紹介のときは、「かぶら組（5歳児）さーん」と呼ばれる前に、ひそひそと「あんまり大きな声でハーイって言うと、赤ちゃんびっくりしちゃうから」と声をかけ合っています。そして最後には自信をもってうたを歌っていました。
終わってから、知っている子や知っているお父さんがいたことを話したり、「ちょっとドキドキしたけど楽しかったー」と感想を言っていました。ホールの椅子の片づけも手伝ってくれたので、他のクラスの保育者に「あっ、かぶら組さんだから、こういう仕事もできるんだ」「これはかぶら組さんにしかできないんだよね」と言われて、鼻高々でした。❶

子どもたちは自分たちの園で一番大きいクラスとしての役割を認識しており、小さい年齢の子どもたちに配慮しています。そして、「さすが、年長さん」「年長さんにしかできないことなんだよ」などのほめ言葉は、子どもたちの誇りを高めます。
もちろん、そのように誇りが高まったのは、ほめられたことによるだけではないでしょう。この企画が子どもたちのやりたい要求とアイデアにもとづいた、子どもたち自身の主体的な参画によるものだったことが、子どもたちをより輝かせています。❷
5歳児では、視野や見通しが広がってきて、園のために自分たちができ

❶ 古賀さゆり（愛知・こすもす保育園）「かぶら組日誌」（2015年4月2日）より。

❷ 一般に、政策や物事の計画に参加することを「参画」と言いますが、本書では、子どもたちのそのような企画や計画段階を含んだ積極的・主体的なかかわりは、「参加」と区別して「参画」と言うことにします。

ることをしたい、自分たちで考えて計画してやり遂げることが楽しいと思うようになってきます。これは、子どもたちが「参画の主体」として育ちつつあり、社会の営みに「参画」することを願っているからに他なりません。

春はまだ保育者が活動の大枠を提案し、子どもたちが独自に決める部分が多くはないかもしれませんが、5歳児では、子どもたちが自ら協同的活動を計画し、役割分担などをしながら目標を達成していくことができるようになっていきます。

本巻では、5歳児を「参画の主体」としてとらえ、「子どもが参画する保育」を主軸にすえて、「子どもとつくる5歳児保育」を考えてみたいと思います。

「参画する主体」として活動する5歳児の3つの力

このように、5歳児が「参画の主体」として育っていくためには、保育者が5歳児の発達的特徴をとらえて、集団の保育につなげていくことが重要です。

5歳児は、モノや人に対しては、**未知の世界と対話し、関係を類推し、思考しながら活動する力**や、**友だちの心を想像し、多様性を認め合う力**が、そして自分に対しては、**こうなりたい『自分』に向かって挑戦する力**が育ってきます。

次にこの3つの力の育ちについて、それぞれ考えてみましょう。

2　5歳の力①
未知の世界と対話し、関係を類推し、思考しながら活動する

違いとともに共通性がわかる

　5歳児では、物事のいろいろな違いがわかるようになってきます。それまでは、なんとなくおとなのいうことを信じていたのが、サンタクロースの存在を疑うようになる、というように、本当にそうかな？　こうしたらどうなるのだろう？　などと考えるようにもなってきます。

　とくに5歳後半には、これまでの、いい－悪い、あれか－これかの二者選択だけではなく、その中間にも多様な選択肢や多様な考えがあることがわかってきて、分類や並べ替え（系列化）、多面的な比較ができるようになってきます。このような違いがわかり、変化がわかるので、観察の目も鋭くなってきますし、変化がおもしろいので見続ける、継続して観察する、といったことができるようになってきます。

　同時に、区別するだけでなく、共通性もわかるようになってきます。❸ 個々には違うように見えて共通性があることがわかることは、「一般化」することにつながります。

　5歳児のはじめは、まだ複数の判断やさまざまな出来事を総合して一つの結論を導いたり、一般化して他にあてはめたりしていくことはむずかしいかもしれませんが、たとえば"言葉の仲間あつめゲーム"のようなあそび❹などは楽しめるようになってくるでしょう。果物の仲間、虫の仲間、動物の仲間などが理解できるようになってくるからです。このように、身のまわりのさまざまな生活経験を一般化することで少しずつ「生活的概念」が形成されていきます。これが科学的概念の基礎になると考えられます。

❸ 4歳半ばごろから、「チガウところもあるけどオナジところもある」（部分－全体）という見方ができるようになりますが、5歳半ばごろには一歩踏み込んで「違って見えるけど同じ」という共通性を取り出す認識力が育ってくると言われます」（服部敬子「第7章　5～6歳の発達の姿」白石正久・白石恵理子編『教育と保育のための発達診断』全障研出版部、2009年、140頁）。

❹ 神田英雄『3歳から6歳――保育・子育てと発達研究をむすぶ［幼児編］』ひとなる書房、2004年、146・158頁。

未知のものを予測する・因果関係を推測する——世界を類推する力

　このように、個別の事象をまとめて「一般化」するということと並んで、子どもたちが自分たちの頭の中にさまざまな概念を形成していく際に大切なもう一つの思考方法は、物事の「因果関係」を探っていく、というものです。

　5歳児は、見たことがないものを見てみたい、行ったことがない公園に行ってみたいなどと言いはじめます。未知のものに対して疑問を抱いたり探究心をもって、これまでの経験にもとづいて類推したり、仮説にもとづいて実験・観察したり、因果関係を推理しようとしているのです。3歳ごろになんでも「どうして？」とたずねる姿はその場かぎりの疑問であるのに対して、5歳児は因果関係に思いをめぐらせ、長期的に疑問を持ち続け試行錯誤しながら仮説を検証しようとします。

　それまで見たり聞いたりしたあれこれの経験を思い出しながら、「あのとき、〜したから……になったのかな？」「だとしたら、次に〜したら……になるかな？」などと、頭の中で考えをめぐらせるのです。過去をふり返りながら未来につなげることができるようになるのです。

その際、言葉や文字、動作、描画などは、そうした思考の大きな助けになります。一人の頭の中で考えていることを「外に出して」目に見えるようにすることで、新しく生まれた「こうかな？」というアイデアが、はっきりとしたイメージとして意識されていきます。仲間と共有することもできるでしょう。

　「因果関係」の認識については、原因から結果へ推論することはやさしいのですが、結果の出来事を見て、どうしてそうなったのかその原因を（後ろから前へ）推論することはむずかしく、それを言葉で表現できるようになるのは、5歳後半だと言われています。

　ですから、5歳児クラスの春にはまだ因果関係を推測するような話し合いはむずかしいでしょう。しかし、一年の保育を通して、多様な経験を蓄積していくなかで、次第に、予測－実験・観察－結果、系列化、因果関係などの、科学的なものの見方の基礎が育ってきます。そして、概念（数概念、保存の概念を含む）形成に向かっていきます。

虚構とファンタジーを生きる力

　子どもたちは、多様な現実世界での体験を積み重ねていくなかで、想像力を高めていきます。想像力には、目の前にない現実の世界を推測・想像する力と、現実にはありえない虚構の世界を想像する（ファンタジー）力とがあります。前者については、予測・類推する力として述べました。5歳児は見聞きする世界も広がり、だんだん認識が発達してくるにつれて、現実にありうるものか、"ありっこない"ものかという区別がはっきりしてきます。ありえない話だからこそおもしろい、空想話や創作の話や冗談を楽しめるようになるのです。

　そうはいっても、完全に現実の世界と虚構の世界を区別できるわけではなく、本当か嘘かどっちだろう、と揺れ動く部分もあります。それが、後述するような「探険あそび」を楽しめるゆえんです。

　一方、5歳後半は、物語（ファンタジー）づくりにおいても、質的な転換期をむかえるととらえられています。自分で思いついた物語を言葉にして仲間にわかるように伝える。また逆に、仲間が考え出した物語を聴き取り、わからないところは質問して、お互いにつなぎ合わせ、一つのお話に

❺ 内田伸子『幼児心理学への招待［改訂版］――子どもの世界づくり』サイエンス社、2008年、171頁参照。

❻ 内田伸子「お話づくり」天野清他『講座　幼児の生活と教育4　理解と表現の発達』岩波書店、1994年、231頁。

❼ 数の学習の基礎は、「10以上の数概念」「系列化の思考」「保存の概念」だといわれています（大阪保育研究所編『子どもと保育［改訂版］5歳児』かもがわ出版、2011年、220～223頁参照）。

❽ 田代康子『もっかい読んで！――絵本をおもしろがる子どもの心理』ひとなる書房、2001年、145頁。

❾ 内田伸子、前掲『講座　幼児の生活と教育4』230頁、『幼児心理学への招待［改訂版］』191頁。

していく。5歳児はこのように、自分たちで物語をつくっていくことがじょうずになってくるのですが、それはやはり、それまでにおとなから絵本などの読み聞かせをたくさんしてもらった経験が土台になっています。物語には、独特の語り口調や話の筋というものがあります。たくさんの物語を読み聞かせてもらううちに、子どもたちの心の中に、標準的な物語の「枠組み」のようなものがつくられていきます。この枠組みに照らして物語を聞くことによって、自分の経験を整理したり、未知の出来事を想像したり、自分や他人の心の動きを理解したりできるようになるのです。こうした枠組みは、いろいろな材料をまとめあげて新しい物語をつくっていく手がかりにもなっていきます。[10]

ファンタジーは、現実の世界と虚構の世界を行き来する媒介となります。ファンタジーの世界に入ることで、より豊かな体験ができたり、不安や恐怖が和らぐことがあります。人間の体験を深めたり、不安や恐怖などをともなう行為を支えたりします。[11] また、ファンタジー絵本の読み聞かせや物語づくり、劇あそびなどで育まれた想像力は、既成概念にとらわれない自由な発想を育てていくと言われます。[12]

このようにして、子どもたちは、現実の世界と虚構の世界、それぞれの世界を楽しみ、見える世界と見えない世界のつながりを認識しようとし、論理を組み立てる力や想像力・発想力を高めていきます。そして、仲間と共有しているテーマや目標と行為した結果を照らし合わせ修正しながら、言語で自分たちの行動をコントロールするようになっていきます。だから自分たちで計画し実行するというプランニング能力も発達してきて、これらの力が総合されて「未来を描き出す力」が育っていくのです。[13]

[10] 内田伸子、前掲『幼児心理学への招待［改訂版］』245・251頁。

[11] 河合隼雄「絵本・お話にみる幼児期の意味」『講座 幼児の生活と教育3 個性と感情の発達』岩波書店、1994年、247-250頁。

[12] 内田伸子、前掲『講座 幼児の生活と教育4』233頁。

[13] 近藤文里『プランする子ども』青木書店、1989年、9〜32頁。

仲間とともに夢を描き、未来をつくりだす子どもたち ●第1章

column　絵本からはじまる冒険に出かけよう！
磯崎園子　絵本ナビ編集長

❶ 教育画劇、2009年

❷ ＢＬ出版、2011年

❸ 徳間書店、1995年

❹ 徳間書店、2000年

❺ 童心社、1974年

　5歳になれば、遊び方だっていろいろ経験してきて、一人あそびだって、みんなで遊ぶことだって、どっちもおもしろいし、外に出て走り回ったり、大声を出したりするのが最高に楽しいのはもちろん、お部屋の中にいる時の楽しみ方も知っています。そんなふうに、考えたり工夫したりできるようになってきた子どもたちにこそ鍛えてほしいのが、「想像力」。想像を広げれば広げるほど、いつもの風景がどんどん変わって見えてきます。とくに絵本の中の世界では、ほんの数分の間に、どこへでも飛んでいけちゃう。なんにでもなれちゃう。そしてみんなで読めば、みんなでいっしょに空想の世界を楽しむことができるんです。これってすごい体験！　たとえば……

❶『おへやだいぼうけん』ほりかわりまこ 作・絵
2人でいれば、どんなとこへでも冒険できる。今日は雨だけど、問題なし。扉の向こうに待っているのは大きな船。空飛ぶじゅうたん、洋服かけのジャングル！　なんて豊かな空想の数々なのでしょう。「退屈」なんてこわくなくなっちゃいます。

❷『地球をほる』川端誠 作・絵
ちょっと考えてみて！　地面に穴をほって、ほって、ほって……。着いたところはどこでしょう。地球の裏側？　ページをめくっているうちに、どんどんドキドキしてきます。知らないことを考えるって、すごく楽しいこと！

❸『のはらひめ　おひめさま城のひみつ』なかがわちひろ 作
ちょっとおませな女の子だったら「おひめさまになりたい！」なんて思ったこと、一回はありますよね。この絵本では、「おひめさま城」からおむかえの馬車がやってくるところからはじまります。世界中のおひめさまが登場するのですが、もし自分がなるんだったらどれがいい？　空想だとしても、しっかり考えないといけません。自分の好きなものはどんどんはっきりさせていったほうが楽しいですからね。

❹『かようびのよる』D・ウィーズナー 作・絵、当麻ゆか 訳
絵本の中には、こんな想像もつかない風景が広がっていることだってあります。火曜日の夜8時。夜空にはたくさんのカエルが飛んでいます。どうやら町へ向かっている様子。いったい何が起こっているの？　理解をこえた出来事に出会った時、子どもたちはどんなことを思って、どんなことを感じるのでしょう。子どもたちの中に広がるイメージや気持ちを聞き出してみたくなりますね。その子が、次にこの絵本を思い出す時のことを考えるとワクワクしちゃいます。

❺『おしいれのぼうけん』ふるたたるひ・たばたせいいち 作
ちょっぴりこわくてくやしい経験をした時、空想することが力になってくれることがあります。この作品は、保育園でケンカして怒られた2人が押し入れに閉じ込められた時の出来事を描くロングセラー絵本。真っ暗な空間の中ではじまる冒険は、なかなかのスリル。だけど、子どもたちはこの物語を喜んで受け入れます。

　子どもたちが、想像や空想の世界に入り込めば入り込むほど、それは実際の体験と同じくらい鮮明に記憶に残っていきます。一人でも多くの子どもたちが、こんな豊かな経験ができるといいですよね。絵本を読み終わったあとに、友だちや先生みんなで同じ世界の話をしながらあそびを広げていけたとしたら、こんなすてきな時間はありません！

3 5歳の力②
友だちの心を想像し、多様性を認め合う

友だちの肯定的な面に気づく

 4歳児は、友だちのことがよく見えるようになったり、保育者や友だちの気持ちに気づいたりするようになり、保育者は自分の気持ちをうまく表現できるように、ていねいに働きかけていきますが、まだ、できる－できない、うまい－へた、という二面的なとらえ方になってしまい、相手を否定的にとらえてしまうこともあります。しかし、5歳児は、自己やまわりをより客観的に見てふり返ることができるようになり、多様なでき方や差異を理解し、それらを受容し認め、相手の立場に立って自分の意見を修正・調整していくようになります。

 たとえば、共同画に取り組むなかで、友だちの描いた下絵に対して「長さはいいけれど、体の太さは前（に描いたもの）のほうがいい」「上のほう（背中）はそのままでいいけど下のほう（お腹）が大きいほうがいい」などと、全面否定するのではなく、よい部分を見つけて認め合うことができるようになっていきます。[14]

友だちとの共通性に気づく

 先に、5歳後半ごろから、物事の違いとともに、そこにある共通点も認識できるようになってくることについて述べましたが、友だちに対しても同様のことがいえます。たとえば、体験を通して、プールでできるようになった技はそれぞれチガウけど、がんばったり楽しんだりしたということはみんな同じだね、というような認識ができあがってきます。[15]そのことによって、より共感し合うことができるようになっていきます。

[14] 青山均「実物大のじんべいざめを描こう！──本物志向に目覚めた子どもたち」『現代と保育』63号（ひとなる書房、2005年、83頁）参照。

[15] 本書162頁参照。

集団生活では、放っておくと子どもたちは違いを非難し差異を排除しようとしてしまい、自信をもてなくなりがちな状況もあります。差異や多様性を理解し受け入れながら、そのうえで共通の思いに気づいたりできるような保育が求められます。たとえば、発表会などでは、共通のテーマを掲げつつも、目標や内容が個々人やグループごとに違っていてよいことを確認し合うことで、一人ひとりの子どもが自分らしさを表現しようとすることをお互いに応援するなど、一段と質の高い認め合いや共感ができるように配慮していきたいものです。

友だちの心（葛藤）を推察して共感する

　目に見えてできたことに共感し合うことが多かった4歳時代とくらべ、5歳児は、目に見えない部分、目に見えない世界、相手の思っていることなどについても、推察したり予測したり、考えをめぐらすようになります。そして、それを一人で考えるだけでなく、おとなや友だちといっしょに意見を交換するなかで、友だちがうまくいかなくて悩んだり葛藤したり不安に思ったりしていることもわかって、そのことに共感し、どうすればよいか考え合い、教え合い、がんばったことを認め合う関係ができあがっていきます。

　たとえば、リレーの練習で、負けた白チームの子が「赤のせいだ」と言って、友だちのおなかをパンチしてしまったことをめぐって話し合いをしたとき、「きっとくやしかったから、そう言っちゃったんじゃない？」とその子の立場に立って推察したり、次にまた白が負けたときは、「アンカーの○○くんは、あきらめずに走ったから、白は負けたけど、あきらめないところは勝ったんだよ」とがんばりに共感できるようになったりします。⓰

⓰ 富田靖子（愛知・こすもす保育園）「かぶらぐみ日誌」2013年9月12日。

　このように、相手の気持ちを思いやれるようになるのは、予測や類推ができるようになる認知的発達によるだけではなく、自分の思いを聴いてもらって共感してもらった体験が土台にあるからです。

4 5歳の力③
こうなりたい「自分」に向かって挑戦する

こうなりたい自分への挑戦――自分で目標を決める

　5歳半を過ぎた子どもたちは、「視点を自分の外につくり、外から見た自分をとらえる力」が育ち、自分を対象化し、自分の成長の変化を多面的、多角的に把握できるようになっていきます。そして、自分をふり返ったり、友だちにあこがれたりしながら、「こうなりたい」自分を意識していきます。それは、3、4歳のときのような一時的なあこがれではなく、自分で自分の目標を具体的に決めてそこに近づこうとする目的意識的な活動となっていきます。目標を達成できるかどうかはわからないけど、やってみようと本気で挑戦してみたり、困難に立ち向かってでも達成しようとしたりする姿が見られます。経験を通して、あきらめずにがんばれば達成できるというような感覚や見通しもできてきます。

　その際にはもちろん、どうやったらできそうかという技の学び合いや仲間の支えは必要です。竹のぼりの取り組みでは、次のような子どもたちの姿が報告されています。

　取り組みを始めると、プール活動の中でつけた自信から「今はできなくても、頑張ればできるようになるよ！」「だってプールだってそうだったじゃん！　初めはみんなできなかったけど、あきらめないで頑張ったらできるようになったじゃん！」という声も出てきて、できるようになった子ができない子に教えてあげたり、励ましたりする姿がありました。[17]

　また、何か技能的なことができるようになりたいというだけではなく、自分の行動をふり返って、こんなところを変えていきたい、こんな人間に

[17] 菅野梓（神奈川・西川島保育園）「一つひとつの経験を通して大きくなったくじらぐみ」『第46回全国保育団体合同研究集会要綱』2014年、126頁。

成長したいという願いも出てきます。友だちに目を向け、友だちを受け入れたり、受け入れられたりして、自分と他の人々との関係をつくりかえながら、他者認識や自己認識を発達させていくなかで、「大きな声で言えるようになりたい」「すぐカーッとなって怒ってしまうところをなおしたい」などという"なりたい自分"への要求をふくらませていきます。

⓲ 本書149頁参照。

安心して弱みをみせられる集団で育つ自己肯定感

「こうなりたい自分」に向かって挑戦していく際には、子どもたちは、理想と違う自分、弱さをもった自分を仲間にさらけ出し、うまくいったことも、失敗したことも含めてまわりから認められ、尊敬され、守られているということを感じられるような集団関係が必要でしょう。

こすもす保育園では、毎月、園全体で行う誕生会で、誕生日をむかえる５歳児が何か自分のやりたいことを披露することが恒例になっています。かいくんは４歳児クラスのとき、３月の誕生会で５歳児が大縄を失敗しながらもあきらめずに跳んでいる姿を真剣に見ていました。その姿にあこがれて５歳児クラスになり、５月の自分の６歳の誕生会の出し物に「大縄跳びを20回跳ぶ」という目標を自分で立てて挑戦しました。少々むずかしい目標だったので、担任は本当にやるのか、目標を下げてもいいのではないかと、何度も本人に確認したのですが、かいくんは引き下がりません。

本番のときも何度もひっかかって、誕生会の中では20回跳ぶことができませんでした。しかし、その直後引き続きクラスの友だちが見守るなかでようやく達成し、クラスのみんなの拍手に包まれました。練習のときも友だちから「かいくんはすごいね。あきらめないじゃんね」と言われて認められていたことが、自分で立てたこの目標をやりきろうという挑戦心を支えていました。

　4歳から5歳のはじめごろ、オニごっこなどで自分がつかまりそうになると「タイム」したり抜けていったりすることが多く、つかまらないかっこよさばかりを気にしていたかいくんでしたが、みんなの前で「失敗」をくり返す姿をさらけ出したのです。そして、その後、あきらめないで跳んだかいくんにあこがれて、誕生会で自分も大縄跳びをしたいという子どもが何人も出てきました。そのことをうれしそうに聞いていたかいくんは、オニごっこなどいろいろなあそびにどんどん自分から入っていくようになり、保育者にも「(こままわし) まだ練習の途中だけど、ちょっとできるようになったから、見てて」と自分から言ってくるようになりました。[19]

　このように、「できなくたって大丈夫、あきらめずに挑戦することがかっこいい」というような価値観が認められ、クラスに広がっていくなかで、かいくんは自己肯定感を高めていったのだと思われます。この「自己肯定感」は、必ずしも何かができなくても自分には価値があると思え、弱さをもった自分をも肯定できるもので、5歳ごろに育ってくるものです。それは、周囲に自分の弱みをさらけ出し、困ったときに助けてと言える力につながります。

[19] 富田靖子（愛知・こすもす保育園）「かぶら組2013年度のまとめ」より、子どもの名前は変更。

解説 「自己肯定感」と「自尊感情」

　自分で決めたことが達成できて自分は有能であると感じる「自信」と、必ずしも何かができなくても自分には価値があると思え、弱さをもった自分をも肯定できる「自己肯定感」の2つを合わせて「自尊感情（self-esteem）」ととらえられます。
　国連子どもの権利委員会（「一般的意見」第1号　2001年）でも、教育の目標として、人間としての尊厳、自尊感情、自信を発達させることによって子どもをエンパワーすることが重視されています。
（拙稿「点検主義にならない保育を」『季刊　保育問題研究』238号、新読書社、2009年、「異年齢保育で大切にしたいこと」『ちいさいなかま』564号（2011年9月号））

❺ 「未来の市民」を育む保育

権利の主体としての子ども——自分たちのことは自分たちで決めたい

　以上に述べたような3つの力の育ちと関連して、5歳児は、自分の要求を自覚し、多様な表現方法を用いながら言葉で表現・主張できるようになっていきます。そして全体の中での自分の位置や役割がわかり、仲間とともに作戦を立てたり、計画を立てたり、役割分担をしたりできるようになり、より組織的な活動を求めるようになってきます。3つの力を発揮するためにも、そのような組織的・協同的活動が必要になってくるのです。

　また、5歳は、いちいちおとなに指図されずに、自分たちで考えて決めたいという思いが強くなったり、おとなに秘密をもったりしたくなる時期です。自分たちのことは自分たちで決めたいという要求、自己決定の権利の主体としての意識も強くなってきます。

　子どもたちをこのような要求主体としてとらえ、自己決定権や参画権をもった権利の主体としてとらえる保育を大切にしようとするなら、5歳児保育は必然的に「子どもの参画」のもとでつくりだされる保育実践になっていきます。

　以下は5歳児クラスの子どもの卒園前の言葉です。

「ぼくたちのことを勝手に決めないで。先生たちはずるいよ。ぼくたちは先生たちの言うことをちゃんと聞いてきたのに、ぼくたちの事は聞いてくれなかったよ」
「お散歩の時に車が通るたびに、危ないから端によけてとか、一列に並んでとか言うんだよ。そんなことわかっているよ。ぼくたちはもう大きくなっているんだからいちいち言われなくても自分で考えてできるんだよ」[20]

[20] 松元泰樹（鹿児島・共同保育所ひまわり園）「ぼくたちのことを勝手に決めないで——Nくんの訴えから子どもたちの育ちを振り返る」『第46回全国保育団体合同研究集会要綱』2014年、119頁。

> **解説 「子どもの権利条約」と子どもの意見表明権**
>
> 　1989年に国連で採択された「子どもの権利条約」では、保護・養育の対象としての子どもから、さらに進んで、社会の主人公として、権利行使の主体としての子どもというとらえ方が鮮明にされました。
> 　その第12条は「意見表明権」といわれ、「その子どもに影響を与えるすべての事柄について自由に自己の見解を表明する権利」です。この権利は「自己の見解をまとめる力のある子ども」に限定されず、「自分の考え、見方・捉え方、をもつことのできる子ども」、乳幼児についても保障されるべきものです。子どもは自分に関係するあらゆることに、積極的に見解を（身体表現を含めて）表明し、その見解が尊重されること、諸権利を行使し、社会参加することを強調するものです。
> 　さらに、国連子どもの権利委員会は2006年に、子どもの権利条約第12条についてより深い理解を醸成するために、「声をあげ、参加し、決定する――意見を聴かれる子どもの権利」というテーマで一般的討議を開催し、子どもの声に耳を傾けることの重要性を再確認し、勧告「意見を聴かれる子どもの権利」を2006年9月29日に採択しました。
>
> （喜多明人『新時代の子どもの権利条約』エイデル研究所、1990年、191頁）

　この園では、けっして子どもたちの意見を聴かずに保育者が一方的に決めて保育してきたわけではありません。この言葉に対して、保育者は「『自分たちが生活の主人公なんだ』という意思表明ができる子どもたちに育っていたことを感じます」と述べています。それまでは、自分の思いがはっきりしていなかったり、自分で決めたいと思ってもうまく表現できなかったりすることもあったと思いますが、保育者がよかれと思ってついやってしまったことに対しても、自分の主張を堂々と表明できるようになってきたのであり、それも保育の成果といえます。

　とはいえ、子どもたちは"自分たちのことは自分たちで決めたい"という思いをもっているということを忘れずに、子どもたちの参画を保障する保育が求められています。

子どもたち自らが企画する活動――子どもの参画

　「子どもの参画」とは、活動の企画や計画段階に子どもたちがかかわっていくことだと最初に述べましたが、すべて子どもが決めなければいけないということではありません。「参画」にはさまざまな形や水準があります。
　大事なことは、子どもの声に耳を傾け、子どものつぶやきをひろったり

解説　幼児の保育における「参画のはしご」

　ロジャー・ハートは、子どもの権利条約にもとづいて、子どもたちをコミュニティの環境改善における調査、計画、デザイン、管理、監視に参画させるにあたって「参画のはしご」を提唱しましたが、そこでは以下のような段階が示されました。

〈非参画〉
1　操り参画・欺き参画（おとなが意識的に自分の言いたいことを子どもの声で言わせる・おとなはそれにかかわっていないと言う）
2　お飾り参画（おとなの主張をあたかも子どもが理解し参画しているように見せかける）
3　形だけの参画（子どもたちに意見を言わせるが実際には子どもたちは問題やコミュニケーションの方法を選ぶことができない）

〈参画〉
4　社会的動員（子どもは仕事を割り当てられるが、情報は与えられる）
5　子どもがおとなから意見を求められ、情報を与えられる参画
6　おとながしかけ、子どもといっしょに決定する参画
7　子どもが主体的に取りかかり、子どもが指揮する参画
8　子どもが主体的に取りかかり、おとなといっしょに決定する参画

　これを幼児の保育において考えるなら、次のような段階があるでしょう。

4の段階－子どもたちの興味や要求にもとづいて、保育者が活動の内容ややり方を決めて、子どもがそれに納得して参加する
5の段階－保育者が計画の大枠を提案して、細部については子どもの意見を取り入れながら進める
6の段階－保育者が中心になって子どもたちとテーマを設定したり、しかけたりし、具体的な内容・方法を子どもたちといっしょに決めていく
7の段階－子どもの発案でほとんど子どもたちが決めて自分たちで進めていく
8の段階－子どもたちが主体的に取りかかるのだけれど、子どもたちだけでは決められない事柄やおとなの手助けがないとできないような問題が出てきて、おとなといっしょに決めて取り組む

　ハートは、はしごの上段にいくほど、子どもが主体的にかかわる程度が大きいことを示していますが、必ずしもいつも彼らの能力を出し切った状態で活動すべきであるということを意味しているのではないと言っています。子どもたちに主体的・自治的な力が身につくにつれて、おおまかには4から8へと進んでいくことが予想されます。5歳児では、5や6の段階の取り組みが多く見られますが、**7の段階**や**8の段階**も、実行可能になってきます。もちろん、活動の種類や内容などによって、必ずしもこの順番に取り組むとはかぎらないでしょう。

　またハートは、自尊感情の乏しい子どもは、コミュニティプロジェクトのグループに参画することがむずかしく、まず帰属意識や自分たちの文化的アイデンティティを育てることが大事だと言います。そして、子どもたちにもっとも身近なことから自分たちで決めさせることによって、自分でも何かができるという感覚を育んでいくことができるとしています。

（ロジャー・ハート著、木下勇・田中治彦・南博文監修『子どもの参画――コミュニティづくりと身近な環境ケアへの参画のための理論と実際』萌文社、2000年、30、41～46頁）

しながら、子どもが興味・関心をもっていることややってみたいと思っていることに合致した活動が展開されるということです。保育者が立てた目標に迫らせる保育ではなく、子どもの発想や興味を大事にし、関心や要求をふくらませていきたいものです。子どもたちが探究したくなるような魅力的なテーマ・題材なのか、本当に子どもたちのやりたいことになっているかの吟味が必要です。保育者が企画した活動に子どもたちが主体的に参加する場合もあるでしょう。しかし、次第に、子どもたちが自己決定したり提案したりする範囲が広がっていくことが期待されます[21]。

　そこでの対話・話し合いのなかで、子どもたちは他者の考え方や感情にふれ、自分の見方とは違う見方があることを知り、葛藤しながら結論を出していきます。このような子どもの参画を保障することは、民主的なコミュニティづくりに積極的に参加する市民、そして主権者としての育ちにつながっていくのではないでしょうか。

[21] スウェーデンでは、園庭に設置する遊具を子どもたちとの話し合いやミニチュアづくりを通して決めていく実践があります。これらの経験を通して、子どもたちが民主主義的な価値を理解していくことがねらいとされています。白石淑江・水野恵子『スウェーデンの保育の今――テーマ活動とドキュメンテーション』（かもがわ出版、2013年、86～114頁）参照。

column 「リクエスト給食」は民主主義のはじまり　島本一男・大塚英生　東京・長房西保育園

　3～5歳の各クラスで、昼食とおやつのメニュー（毎月それぞれ1回分）を話し合って決め、給食室にリクエストしたり、自分たちでクッキングしたりして食べる「リクエスト給食」は、「食べる」ということに対する子どもたちの思いに耳を傾けてみようということからスタートしました。それ以前は、献立は栄養士に任せきりで、保育者たちでさえ自由に意見を言うという関係はありませんでしたが、自分たちの生活に関することは、できるだけ自分たちで話し合い、みんなで考えて決めるということがとっても大切なことだと考えたのです。

　子どもの声を聴きながら献立を立てるということは、「子どもたちとつくる生活の場」である保育園としては当たり前のことであるとともに、「子どもの権利」という視点から考えても、とても大切な活動だと思うようになりました。話し合いは、年齢にかかわらず、まずは一人ひとりが意見を出しやすいようにすることが大切です。さらにはそのことをみんなが納得できるように進めていくことが保育者には求められます。それは時間のかかる面倒なことのようにも感じられますが、どんな生活をつくっていくのか、子どもたち自身が考え、決めていくこうした取り組みは、表現したり、友だちの意見を聞いたりする力を身につけ、人間関係などを学び、さらには民主主義を学んでいくことにもつながる大事な機会であることを意識するようになりました。

1　メニュー決めの話し合いを毎月行ううちに、みんなの主張がはっきりしてきて、簡単には決まらなくなります。また5歳児クラスともなると、これまでの経験から、旬の食材を意識したりするようにもなります。ホワイトボードなどを使って話し合いの経過を可視化しながら進めます。みんなで決めるむずかしさは一人ひとりの納得です。多数決は最後の手段にする配慮と、必ずしもみんなの意見にはならないということも考え、一人ひとりの意見がどのように実現してきたのかを確認しておきたいものです。12月に行われたこの日の話し合いは、40分ほど続きました。
2　今日はリクエストメニューの日。自分たちで決めた手づくりおやつ（焼きドーナッツ）はおいしさ100倍！

5歳児クラスの「リクエスト給食」のねらい

・『食』に対する興味・関心を広げ、不思議に感じたことを調べてみる。
・頼んだものを提供される喜びを通し、楽しい食事の時間を共有する。
・一人ひとり食べたいもの（意見）が違うことを知る。
・自分の思いを表現すること、人の考えを聞くことを通して、みんなで問題解決をするやり方を学んでいく。
・給食の先生とのつながりを深め、仕事に興味やあこがれを持つ。
・食べものがどのようにして作られ、食卓に提供されているのかということに興味・関心を持ち、調べてみる（「ESD＝持続可能な開発のための教育」）。
・育てた野菜を使った料理を考え、リクエストする（食べたいものを考えて栽培活動をする）。
・好きな食べものを増やしたいという気持ちを育てる。

3　給食室に出向き、栄養士に今日の食材や献立について話を聞いたり、味見したりする「味見隊」。わかったこと・感じたことは、給食の時間に全クラスに放送してみんなに知らせます。
4　手づくりの籾すり機で、自分たちで育てた稲の籾すりを楽しむ5歳児たち。

第2章
「参画する主体」を育てる保育とは

―― 時代が求める5歳児保育の3つの課題

5歳の子どもたちに保障したい3つの保育
❶ 子どもたちの感性と知性が豊かに耕される保育
❷ 本物志向の5歳児の本気と本気がつながり合う保育
❸ 子どもの声が聴き取られ大切にされる保育

1　子どもと保育者の主体性が響き合う保育の構造と「保育者-子ども」関係

　5歳児保育で大切にしたい最大の課題が「子どもが参画する保育実践の創造」という点にあることはすでにこれまで述べてきましたが、それは子どもたちのやりたいと言ったことをそのままやらせればよいというわけではありません。また、子どもたちの要求が出てくるのをただ待っていて、保育者が口を出さなければ、子どもたちが自然に「参画の主体」に育っていくわけでもないのです。子どもたちが本気で知りたい、やりたいと思えるような「活動要求」をふくらませ、参加・参画したくなるように保育実践がつくりだされなければなりません。
　この「活動要求」は、「対象（モノ）への要求」と「人に対する要求（交流要求）」の二側面の要求にもとづいており、子どもが「参加・参画の主体」として自立していくうえで重要なのは、まず一人ひとりの子どもの中に、

このような要求や目的意識性がしっかりと育ってきているということです。

5歳児では、第1章で述べたような対象への認識の深まりや思考力の育ちとあいまって、より「本物」を知りたい・探究したい、「本物」を体験したい、できるようになりたいという要求が高まってきます。また、人に対する要求としては、おとなや友だちに対して、多様性を理解しながら「認め合いたい」「クラスのみんなで力を合わせて……したい」「園のみんなのために……してあげたい」などという要求が育ってきます。子どもたちは、このような二側面の要求にもとづいた活動をやりたいという「活動要求」をもち、活動主体としてその活動に参加し、熱中することで、「参画の要求」も育ちます。そして、それらの要求がかなえられ豊かな活動が展開されるように導くことによって、子どもたちは満足感をえて、さらに要求の内容や「参画の質」を発展させていきます（図1）。

本シリーズでは、子どもの「活動要求」にもとづく「活動主体性」と保育者の専門性にもとづく「教育主体性」とが心地よく響き合いながら展開していく相互主体的・対話的保育をつくっていくことを目指しています。子どもたちと保育者との対話のなかで、子どもたちの本当の要求や願いを実現でき「参加・参画の主体」としての育ちを保障できる活動を探っていくことが、この時代が求める保育の中心的な課題だと考えているのです。

現代社会は、情報化・ＩＴ化が進み、雑多な知識・情報がひとりで容易に手に入る時代です。そのなかで、人々は「自己選択」「自己責任」の名のもとに、暗黙のうちに現状に適応することが求められ、孤立しやすかったり、自尊感情をもちにくかったりする状況にあります。そのような社会だ

㉒ 5歳児は「ほんとは（に）」という言葉をよく使うようにもなり、それまでは「あたりまえ」であったものの見方やルールに対して、「ホント」の世界に気づき、現実を吟味してくつがえしていく力が生まれてくると言われます（服部敬子、前掲『教育と保育のための発達診断』140頁）。

㉓ 加藤繁美さんは、子どもの活動要求には、「探索・探求要求」「文化的活動への要求」「模倣要求」「協同的学びへの要求」があり、これらの4つの活動要求に対して、保育者の「教育要求」が切り結ぶ形で教育的関係が成立していくととらえています（『対話的保育カリキュラム 上』ひとなる書房、2007年、55～62、108～109頁）。

図1

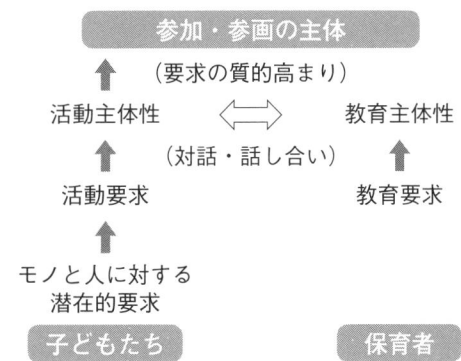

からこそ、幼児期に仲間といっしょに実感をともなった体験をしたり、知恵を出し合って思考する経験をしたりし、多様な人々とかかわり合いながら主権者として賢い判断ができるようになっていくことが重要になってきます。

　このようなことも合わせて考えると、子どもたちには現代社会を生きる5歳児にふさわしい次のような保育経験が構造的に準備される必要があります。

　1つめは、**子どもたちの感性と知性が豊かに耕される自然や文化との楽しい出会いを保障すること。**

　2つめは、**本物志向の5歳児の本気と本気がつながり合うような生活や活動をつくりだすことです。**

　そして、そうした新しい保育実践をつくりだすためには、**子どもの声が聴き取られ大切にされる、おとなと子どもたちの「関係」が意識的に築かれる**必要があるのです。

2 5歳の保育①
子どもたちの感性と知性が豊かに耕される保育

センス・オブ・ワンダーから探索的活動へ——自然に親しむことから

　5歳児では、思っていることをかなり言葉で表現したり筋道をたてて考えたりすることができるようになっていきますが、話し合いばかりではなく、4歳児クラスから引き続き楽しい感動体験を保障することが大切です。

　子どもたちには自然環境に対する疑問や探究心が強くなり、観察したり調査したりして確かめるような活動が発展していくことがあります。しかし、子どもに疑問を持たせ、自然科学的認識を形成しようとあせる必要はありません。じっくり自然に触れ、楽しむことが土台となります。多動傾向がありトラブルが頻発しているような子どもも、畑を耕す土いじりには熱中し、落ち着いていることもあります。日常の生活の中で、自然に癒され、自然に興味を持てるような環境や機会をつくっていきましょう。とくに春は、散歩先や園庭でいろいろな草花や虫などに出会うことが多い季節です。ゆっくり自然に親しみながら、共感を広げていきましょう。5歳児では、そこから好奇心や疑問がわいてきて、観察やプロジェクト的活動に発展していく可能性があります。

　カーソンは、子どもに生まれつき備わっている「センス・オブ・ワンダー（神秘さや不思議さに目を見張る感性）」をいつも新鮮に保ちつづけるために、おとながそばにいて、自然についての発見の喜びをいっしょに分かち合うことが大切だというメッセージを送っています。カーソンは、「『知る』ことは『感じる』ことの半分も重要ではない」と、感性を育むことの重要性を述べています。[24]

　また、プロ・ナチュラリストの佐々木洋さんは、幼児期に身近にある自然に親しむことの重要性を指摘し、自然には3つの効能があるといいま

[24] レイチェル・カーソン著、上遠恵子訳『センス・オブ・ワンダー』新潮社、1996年、4頁。

す。それは、① 多様性を知る、② 普遍性を与えてくれる（みんなに平等に癒しを与えてくれる）、③ 思い通りにならない存在を改めて教えてくれる、ということです。そして、思い通りにならないからこそ、あきらめたり、創意工夫したりするようになるといいます。多様性や一般性・普遍性により気づき、自分たちなりのアイデアをふくらませていくことのできる5歳児にとっては、自然とのかかわりは欠かせない体験です。

[25] 佐々木洋「子どもと親しむ身近な自然」特定非営利法人東京都公立保育園研究会『広報』232号、2015年10月、10～12頁。

小さな生き物と暮らす——親しみながら観察し知る

散歩では、子どもたちがそれぞれの興味・関心をもって楽しむことができます。5歳児では、散歩先などで生き物を自分で見つけてつかまえると、それを自分で飼いたいという気持ちが大きくなってきます。エサは何がいいのか自分から図鑑で調べたり、毎日触ったり、幼虫がどのように成長するのか疑問や感動をもって観察したりします。長期的にかかわり、最後に死んだら土に埋めたりして別れるまで、面倒をみることができるようになってきます。また、見つけたきのこに毒がないかや、つかまえたトンボは何という種類なのか図鑑で調べ、調べた知識と現実の姿とが一致することが楽しく、その知識に自信をもったり、生き物を介して友だちとつながっていったりします。

飼育も、責任感だけを強調するのではなく、飼っている生き物と遊んで、興味や愛着をもっていっしょに暮らし、お世話したくなることが大切です。また、保育者が飼い方を先に教えてしまうのではなく、可能な範囲で、子どもたちに考えさせることが大事でしょう。

T保育園では、カメのエサを1日に3人の子どもがそれぞれやっていたことがわかり、何個あげたらよいか話し合いました。1個だという子から6個だという子までいましたが、エサの箱には「食べきることができる量」だけあげるようにと書いてあったので、6個あげてみて食べきれなかったら減らしてみることにしました。でも、こっそり8個あげた子もいたことがわかり、みんなびっくり。しかし、エサが残っていなかったので、10個あげることになりました。保育者も何個が適当かわからず、子どもたちといっしょに探究していっています。そして、エサ当番が必要だということになり、一日一人ずつ交替していくと、21人分も待てないということで、グ

実践　命の営みを間近に感じる春の散歩

　T保育園の5歳児クラスでは、春はよく散歩に出かけます。はじめは、カラスノエンドウの草笛やオオバコずもう、タンポポの綿毛飛ばしなどの草花あそびや虫探し（テントウムシ、アブラムシ、ダンゴムシなど）をして、友だちや保育者と「○○があったよ〜」「どれどれ？」と伝え合ったり共感し合ったりしながら、ひとつの場所でじっくり遊び込みました。じっくり遊ぶことで、草花あそびの名人が生まれたり、虫を何匹もつかまえたりして、あそびが充実し、「楽しかった!!」「また行きたい!!」という声が自然に出てきました。

　そして、だんだん「あっち行ってみよう！」「この先には何があるの？」と林の中へ入って行き、ぐるっと回って「つながってたぁ〜」と戻ってくるなどの探険も楽しむようになっていきました。とにかく先に進みたい子、あとからゆっくりついてきていろいろなものを見つけながら歩く子と、子どもたちそれぞれの姿が見られます。でもあまり先を急ぎすぎず、「みんなで行こうね」という声かけをしたりして、何か見つけたら伝え合い、友だちとかかわりながら探険することを大事にしてきました。

　散歩先で地面の落ち葉をめくると、大きなハサミムシがいて、子どもたちは夢中でつかまえ、大量に園に連れて帰りました。草むらのなかでバッタやコオロギを見つけたときは、ピョンピョン跳んでいくのを子どもたちが必死で追いかけてつかまえました。部屋で飼っているアオムシにあげる葉っぱをとりにみかんの木へ寄り道して帰りました。

　こうして園に持って帰った虫たちは飼育ケースに入れて保育室で飼っています。4歳児クラスの時から飼っていたカブトムシやカタツムリと合わせて10ケースほどもあります。子どもたちは、「エサは何を食べるのだろう？」と図鑑で調べて、テントウムシはアブラムシを食べるということがわかると、散歩先でアブラムシも探しはじめます。

　ある朝、子どもたちは、飼育ケースからダンゴムシやハサミムシを出して、床に上靴を並べて囲いを作り、その中で虫を歩かせて、触って遊んでいました。それで、大きい箱を用意して、箱の中でなら歩かせてもよいことにすると、飽きずに毎日のように出して遊んでいます。

　アゲハチョウの青虫がサナギになって、チョウになるときに、羽がぐちゃぐちゃになってしまった姿を見て、「うちらは生まれるときママが大変だったんだけどさ、チョウチョはひとりでたいへん……」とつぶやく子がいたり、チョウが生まれたことを来る子来る子に知らせて「まだ知らない子、いるのかなあ？」と気にする子がいたり。アゲハの幼虫が飼育ケースから出ていなくなってしまったときは、みんなで探していたのですが、3日後に窓のサッシの上の方でサナギになっているのを発見。「○○くんがサナギ見つけた！」とみんなに報告してまわる子や、「ここにしよって決めたのかな？」とつぶやく子もいました。

（佐野佳穂・T保育園「5歳児クラスだよりNo.6」2015年6月4日、より抜粋・編集）

ループごとの当番にすることになりました。友だちといっしょに遊ぶことがあまりなかった子どもも、カメのエサをいっしょにあげにいくという当番活動を通して、友だちとのかかわりが出てきました。

栽培からクッキングへ――因果関係の探究と協同的活動

　虫や小動物よりも変化が見えやすく、いろいろなモノ・条件との因果関係がわかりやすいのが栽培です。収穫できるまでに時間のかかる栽培は、見通しをもつのがむずかしかったり、地道な水やりが必要だったりします。まずは食べておいしかった体験をするなど、楽しい体験をもとに自然とのかかわりを深めていきましょう。たとえば、春に散歩先でとってきたよもぎでだんごを作ったり、園庭に実のなる木があると、実を食べに来る生き物が見られるとともに、四季を感じながら、実を食べる楽しみが味わえます。[26]

　3、4歳で比較的すぐにできる野菜を育てた経験や収穫にかかわった経験をもとに、5歳では長期的な栽培にも取り組めるようになっていきます。たとえば、落花生の豆はどこにできるのか疑問を持って栽培したり、枝豆の芽が出るころにカラスに食べられないようにどうやって守るか相談したり、畑にくわしい人の力も借りながら、探究的な活動にしていくこともできるでしょう。種や球根から何が出てくるか実験・観察してみたりすることもできます。畑でとれた野菜でクッキングをして全園にふるまうお店屋さんごっこを企画することもできます。急がせず、じっくりかかわることを保障するなかで、「本物」を追究する5歳児たちにふさわしい活動に発展していくことが期待されます。

[26] 小泉昭男『自然と遊ぼう――園庭大改造』ひとなる書房、2011年、参照。

自然の一部としての自分を感じる

　子どもたちは、こうして自然の神秘さを感じながら生活していくなかで、少し視野を広げて、自然が破壊される現象や自分たちの自然とのかかわり方についても気づいていきます。フィンランドでは、幼児の保育カリキュラムの中に「環境自然学習」という分野が設定されており、環境について理解し、自分たちの行為が環境に及ぼす影響についても気づいていく

ように導いています。小学校段階でも学校の授業を支援している「自然学校」や「環境学校」では、近隣の公園や森などの自然とふれあう機会・プログラムを提供し、「自分が自然の一部である」ことを実感させています。自然に触れる実体験は、記憶に残り、個別の教科を学ぶ前に「自然」という全体像をとらえることにつながると考えられています。人類が自然と共存してきた歴史におごり高ぶることなく、自然を破壊することのないような人間として育ってほしいという願いがカリキュラムに反映しているといえます。図鑑やインターネットからの情報だけでわかった気になるのではなく、長期的に自然とかかわりながら、自然を自分たちの生活と密着したものとして感じ、自然を育て自然からの恩恵にあずかり、人間も自然の一部なのだということを感じること、そのような体験をもとに未来をつくりだしていく主体を育てていくことが大切でしょう。

時間的・空間的世界の広がりと探険

　5歳児では、時間認識・空間認識が広がり、「行ったことがない公園へ行ってみたい」とか、「バスや電車に乗って行ってみたい」などという要求がよく出てきます。地図や迷路にも興味が出てくる時期です。園や普段行っている散歩先から少し離れた場所に行ってみることも、子どもたちのワクワクする体験となります。

　こすもす保育園（愛知）の古賀さゆりさんは、5歳児の4月に、子どもたちから保育園のまわりの「知らない公園に行ってみたい」という声が出され、公園を探していくことにしました。クラスのみんなとは行ったことがないけど、自分の家の近くの公園で知っている子どもがいると、その子どもが案内役になり、地図を持って、みんながついていきます。どの公園に行くかは、その公園をお勧めする子どもが「〇〇があっておもしろいです」などとみんなの前でプレゼンして、みんなが行きたいと思った公園に順番に行きます。子どもたちは、どんな公園だろうと想像をふくらませながら行きます。思ったより小さい公園であっても、少々遠くても自分たちで決め、道中を楽しんできたので、だれも文句は言いません。保育者も知らない公園であることが多く、子どもたちといっしょにドキドキしながら公園探しを楽しみます。

[27] 拙稿「保育の学校化を問う――小学校への移行に配慮した保育計画の視点から」『季刊　保育問題研究』255号（新読書社、2012年）参照。

[28] 大橋香奈・大橋裕太郎『フィンランドで見つけた「学びのデザイン」』フィルムアート社、2011年、142～150頁。

実践　仲間としての園庭のけやきの木

　透明なビニールシートを空に向けて張って、中にもぐって絵を描く方法を教えてもらい、子どもたちとやってみました。まるで空に絵を描いているようで、とんでもなく楽しいものでした。

　はじめは一人ひとり好きな絵を描いていただけでしたが、一人の子がビニールの向こうに立っているけやきの木を透かして見て、「みんなで葉っぱがついているけやきの木を描こうよ！」と言ったのです。卒園間近のけやきの大木は、冬枯で葉が落ちていました。そのすてきな提案に、すぐさま「いいね！」と5歳児そらぐみのみんなが賛同してくれ、木の幹を描く子、葉っぱを描く子と分かれて、一人の思いがみんなの思いになって、ひとつの大きなけやきの木を完成させました。

（田中那路子・愛知・けやきの木保育園「空に絵を描いた子どもたち」『第47回全国保育団体合同研究集会要綱』2015年、214頁、より抜粋・編集）

この園の園庭にある大きなけやきの木は、こいのぼりを泳がせたり、遊ぶときの基軸になっていたり、子どもたちが親しみをもっている存在です。自分たちの生活の一部になっているからこそ、こんな発想が生まれ、共同画を楽しめたのでしょう。

3 5歳の保育②
本物志向の5歳児の本気と本気がつながり合う保育

本気で達成したい目標

　5歳児は、「本当の世界」に気づいて、本物志向が増す時期です。第1章で述べたように、物事の違いがわかり区別できるからこそ、「本物」を追究したいと思うようになります。自然環境に対しても、社会環境・文化に対しても、本物を求めていきます。そして、疑問を明らかにするために調べたり、証拠探しをしたり、作戦を立てたりし、因果関係を探っていくような活動を、ワクワクドキドキしながら楽しんだり、本物に近づくように挑戦したりしていきます。

　5歳児は、次第に集団で考え合い、集団で何かをつくっていくこと、みんなでやらないとできないことにおもしろさ・楽しさを見出していきます。子どもたちの本気と本気をつなげ合う生活・活動のなかで、子どもたちの参画する協同的活動をつくっていくことが重要です。

　「協同的」活動は、「共同」とは違って全員が同じことをするのではなく、一人ひとりの事情や興味や特徴に配慮しそれらを生かしたやり方で、全体としてはみんなで力を合わせて達成したいと思えるような活動です。子どもたちの本気と本気がつながれば、一人ひとりのかかわり方が違っていても、お互いに違いを受け入れ認め合い、自分を発揮するなかで、協同的活動[29]が発展していくのです。

　子どもたちはどのようなときに、本気と本気がつながるのでしょうか。

　協同的活動では、まず、子どもたちが本気でその目標・内容に魅力を感じて達成したいと思っているかが重要です。そして一人ではできないことでみんなの知恵や力を合わせないと達成できないこと、みんなでやらないと楽しくないことかどうかが重要です。もちろん、活動の最初からそのよ

[29] 加藤繁美さんは、「幼児後期の子どもたちに形成する集団性・共同性は、『規範性』や『規範意識』に従わせる形で育てるものではなく、むしろ『面白さ』と『心地良さ』を広げていく営みの中で、子ども自身が主体的に選択する方法が重視されなければならない」と述べ、そのように、「一人ひとりの主体性・能動性が響きあい、つながりながら組織される集団活動」を、「生成発展カリキュラムを通して展開される協同的活動」と呼んでいます（前掲『対話的保育カリキュラム 下』250〜251頁）。

うな目標の共有が全員でできているとはかぎりませんが、保育者が指導・援助する際に、子どもたちが本気になれる活動かどうかが問われます。

　5歳児の本気と本気がつながって協同的活動に発展していく内容には、次の5つの要素があげられます。

❶ みんなで考え探究したい、知的好奇心にもとづいた疑問
❷ 長期的な見通しをもって、自分たちの生活を自分たちで考えてつくっていく計画性
❸ チームで作戦を立てて競ったり対決したりするおもしろさ
❹ おとなのように自分たちもやってみたい本物の文化
❺ 園全体や地域のためにやってあげたいこと・見せたいもの

みんなで考え探究したい、知的好奇心にもとづいた疑問

　5歳児では、子どもたちの興味・関心・好奇心・疑問にもとづいた活動、協同的で目的意識的・問題解決的な過程が大事です。この過程のなかで、子どもたちは、「本気の学び」を体験していきます。「学び」とは、興味・関心、知的好奇心にもとづいた全感覚を用いた活動で、環境や人々との相互作用のなかで、新しい経験をこれまでの体験や知識・概念構造と結びつけて考える認知的な過程です[30]。5歳児では、第1章で述べたように、一般化や予測、類推などしながら論理を組み立てていきます。自分が今まさに発見したモノや、心動かされた不思議な事柄についてもっとわかりたいと願う、そんなふうに能動的に興味をふくらませているときこそ、もっともよく、そして楽しく学べることを私たちは知っています。

　子どもたちは日常的な生活やあそびのなかでも自然に学んでいますが、とくに就学1年前における「学び」においては、集団的・意識的な活動が必要でしょう。第Ⅱ部の実践にもあるように、たとえば「この川がどこから来てどこに流れていくのか知りたい」などの子どもから生じる疑問が「学び」の原動力になります[31]。

　そのような疑問は、自然とのふれあいや日常の活動のなかで見聞きした体験や、絵本やお話からイメージしたりヒントを得たりして生まれてきます。また、社会のなかで起きている出来事やニュースを聞いて考えていく

[30] 拙稿、前掲「保育の学校化を問う」『季刊　保育問題研究』255号。

[31] 本書134頁参照。

こともあります。

　たとえば、朝の一言スピーチで、新聞の写真の切り抜きを持ってきてそれについてどう思ったか話して、みんなから質問をしてもらったり、園でその日にあった出来事を多様な表現（絵、制作、パフォーマンス等）を通して発表してもらったりすることで、子どもたちの「内言」[32]を豊かにするとともに、子どもたちが興味・関心や疑問を共有することができます。

ファンタジーの世界から探険あそびへ──仮説の検証

　子どもたちは自然環境だけではなく、絵本、音楽、劇、伝承あそび、運動文化などの文化に日々接しています。5歳児では、少し長いお話も聞いてイメージをふくらませることができるようになってきます。そのお話の世界に入って、現実にはありえない世界を想像しながら実際に探険したり、宝探しをしたり、手紙のやりとりをしたりする「探険あそび」を楽しむようになります。因果関係を類推したり仮説を立てたりできるようになる5歳児では、子どもたちの疑問にもとづいて、探索・調査し、証拠を探すような、よりリアルな探険が子どもたちを本気にさせるでしょう。

　地域の公園の池に住むというカッパ伝説と保育室においてあった妖怪の図鑑[33]から興味をもった荻窪北保育園の子どもたちは、「カッパを探したい！本物がみたい！」「本当の本物が見たい！」とカッパを想像しながら活動していきます。そこであるグループの子どもたちが考えた作戦は、「キュウリを池の近くにおいて木陰に隠れてカッパが来るのを待つ。カッパが出てきたらつかまえないで（子どもは食べられるかもしれなくてこわいから）証拠の写真を撮る。そして逃げる」というものでした。[34]

　「探険あそび」においては、子どもたちの経験から、想像上でしか存在しないと思えるようなことがらが、現実に存在するものとして提起されたとき、子どもたちに驚きを引き起こします。そして、それを現実のものとして確かめたいという願望から、子どもたちは探索したり検証したりしようとし、実際にそのための行動を起こします。このように、想像されたことがらが、現実の世界のなかで「確かめられるべき仮説」となり、子どもたちは探索した事象を仮説に結びつけて、新しい解釈をしてまた驚いたり、感動したり、こわがったりして、また次の疑問や行動が引き起こされてい

[32] 内言とは、「内面化された（声に出されない、頭の中で展開される）言葉のこと」であり、「この内言によって人間は前もって頭の中で必要な行為を計画し、その計画に従って自らの行動を調節する」ことができるといいます（中村和夫『ヴィゴツキー心理学　完全読本』新読書社、2004年、49頁）。

[33] 『みたい！しりたい！しらべたい！日本の妖怪大図鑑』シリーズ、常光徹監修、ミネルヴァ書房、2010年。

[34] 東京・荻窪北保育園「ひまわり組お泊まり会報告集2014」より。本書186頁参照。

[35] 岩附啓子・河崎道夫『エルマーになった子どもたち』ひとなる書房、1987年、187〜200頁。

き、絶えず探索や挑戦、調査が行われ、子どもたちは「真実」と「虚構」の間を揺れ動くのです。こうして心を揺り動かされながら、疑問に対して論理を組み立てていく体験が、科学的な認識や世界観を形成する感性的土台になるといわれます。また、クラス集団で、びっくりしたり、ドキドキ、ハラハラする情動的体験を共有したり、作戦を考えたり、他のクラスや親に内緒で進めていったりすることで集団の一体感を味わい、団結していくことができます。

ただ、5歳児では、保育者がつくったストーリーで、行事や活動などをがんばらせるために架空の人物からの手紙をしかけるような内容ではなく、子どもたちが疑問をもって、調査・探索に向かい、虚構の世界と現実の世界の間の微妙な揺れを楽しむような内容、子どもたちの発想によって、ストーリーがつくられていくような進め方が大切でしょう。

子どもたちが探険してきたことをふり返って、絵や地図に表現したり、紙芝居にして発表したりする実践も数多く報告されています。自分たちが体を通して体験したことなので、絵にも迫力がありますし、イメージがはっきりしていて表現力豊かな紙芝居をつくることができています。このように子どもたちといっしょにストーリーをつくって探険をしていき、ふり返って表現することもひとつの方法です。

[36] 岩附啓子・河崎道夫、前掲『エルマーになった子どもたち』など。

チーム対抗や集団技のおもしろさ

社会性の面からは、競争的な自我が高まってくると同時に因果関係の推測ができるようになってくる5歳児では、チーム対抗戦を楽しめるようになります。チーム対抗のリレーでは、トラブルが生じることも多いのですが、自分たちで作戦を立て、走る順番などを考え協力して活動することが楽しくなってきます。また、まわりの動きを見て、自分の動きをそれに合わせたり、全体の中での自分の役割や動きをより意識するようになってきますので、集団技や教え合いが楽しめるようになってきます。竹馬も、高さや歩数などを競う個人競技としてばかりではなく、竹馬ダンスや竹馬サッカーなど、集団的・創造的な取り組みにしていくことが重要でしょう。

とくに運動文化的な取り組みの中には、挑戦と楽しさ（苦しくてもがんばる）の二面性があります。両者が分離していたり片面だけの追究ではなく、

両側面がうまく統合され、集団のなかで、"楽しくて心地よいから、むずかしくてもがんばれる、夢中になれる"活動は、満足感のある取り組みとなるのではないでしょうか。

> **実践　みんなで楽しく乗りたい竹馬**
>
> 　こすもす保育園では、毎年5歳児が運動会で竹馬に乗るので、それがあこがれの姿となっていて、「運動会何する？」と聞くと、「竹馬やりたい！」という声が出てきます。5歳児が卒園するときに、4歳児に竹馬の「伝授式」をして、これから5歳児になる子どもたちは、今度は自分たちが乗るんだと、大きくなったことを実感するとともに、乗り方などを先輩に教えてもらいます。
> 　5歳児になってから、担任の富田靖子さんは、竹馬をグループに1つずつ出しました。グループの友だちに持ってもらって支え合いながら乗ってほしいという思いからです。保育者としては、運動会がゴールとは考えていないのですが、子どもたちは春から竹馬に乗って遊んできており、プールが終わったあと、また遊びはじめると、やはり運動会でみんなの前で乗ってみたいと思うようです。それで、保育者は、少し高い竹馬にも挑戦し、ともに励まし合ってクラス全員で乗れるといいなと思っていました。竹馬は高ければよいということではなく、自分が自信をもって乗ることができる高さで自分で目標を決めてそれに向かって挑戦し、達成感を味わってほしいと願っていました。
> 　富田さんは、9月のカレンダーづくり（本書100頁）で運動会の話をしてから、グループで1台ずつ竹馬を出していたのを、もう1台ずつ出しました。子どもたち全員が運動会でやりたいと思ったら竹馬を種目に入れようと思っていて、運動会の10日くらい前に、子どもたちと話し合って、運動会で竹馬に乗るかどうか確認し、「23人全員が竹馬に楽しく乗ってゴールする」というクラス目標を立てました。
> 　「楽しい」ということの意味をたずねると、「くやしくて涙が出ても楽しいということ。また次もやりたいと思ったもんね」などと子どもたちから意見が出てきました。同時に一人ひとりの目標も立てていきます。一番高い高さを達成しようとする子ども、一回も落ちずにゴールしたいと思う子ども、300歩や1000歩歩くことを目標にする子どもとさまざまです。担任は、一人ひとりにその目標と、それを設定した理由を聴き取っていきます。そして、運動会3日前に、当日どのような乗り方をするか、最終確認しました。
> 　このような経過の中で、「いっしょにやろー」「持ってあげるよ」「ここまでおいでよー」「前見て!!」と支え合いが広がっていきます。はじめはぐらぐらして乗るのがこわかったり、すぐに乗れると思ったら乗れなくて、くやしくて大泣きする子もいますが、友だちが楽しんで乗っている姿に誘発されて練習し、乗れたときの喜びはひとしおです。ときどき全員で竹馬の全体練習会で見せ合いっこをするので、だれがどこまで乗れているかは、みんなわかっています。全体練習会の最後にみんなで円になり、反省会をしていると、急にしくしく泣きだした子に対しては、同じグループの友だちが「たぶん、くやしいんだと思う」と共感していました。そして、自分が乗れたことだけでなく、手伝ってあげて友だちが乗れたこともいっしょに喜

んでいました。

　手と足の協応がむずかしくてなかなか乗れなかったけんごくんは、好きな曲を聞くとテンポよく乗れるかもしれないと子どもたちが言って、本番もその曲をかけることになりました。竹馬でトラックを一周近く回るのですが、もし途中で落ちたら、だれが支えに行くかも本人の希望を聞いて決めました。

　障害や病気をもっている子どもも、本人の希望を聴いて、竹馬に補助具をつけたり、後半の直線部分からスタートしたりすることにしました。疲れてできなくなってきたら友だちがついていっしょに乗ってほしいという子と、最初は友だちに持ってもらっていっしょに進み、後半は自分一人で進みたいという子と、それぞれです。一人ひとりの違いを認め合いながら、当日スタートする順番も子どもたちが相談して決めていきました。一番に乗りたい人がいたり、本番はドキドキしないように、仲よしの友だちが次に行くことにしたり、落ちたら支えに行くことも考えたりして順番を話し合っていきました。

　運動会当日は、竹馬に乗っているときに、小西園長から、一人ひとりから聴き取った子どもたちの声をアナウンスしてもらいます。以下にいくつか紹介します。

「はじめ、簡単に乗れると思ったらむずかしくって、だから一歩出れた時は、うれしかった。"へそのり"はとっても気持ちがいいよ。23人みんなが乗れた時は"スゴーイ！"って大喜びしちゃった」

「はじめはけっこう調子よく乗れたのに、足が痛くて途中くじけそうになったけど、運動会23人で乗りたいからがんばったんだよ。かい、なつは、きみかが手伝ってくれたんだ」

「一番はじめにゆみえちゃんが乗れたから自分もがんばってみたいなーって思った。今はおっぱい乗りまでできるようになってうれしい。友だちを手伝ってあげるのも楽しい」

　　　　　（富田靖子・愛知・こすもす保育園「2013年度かぶら組半期のまとめ」より、子どもの名前は変更）

　子どもたちの本気と本気をつないで、クラスの全員が楽しく竹馬に乗るという目標を決めたので、そのために自分もがんばるし、友だちと支え合う、そこに楽しさを見出していることがわかります。

　　たのしかったことは　リレーは　勝っても負けてもいい　リレーだった
　　負けるかもと思って泣けたけど、がんばって走った。
　　たけうまは、みんなが　がんばって　といってくれたから　がんばった。（きみか）

おとなと同じように"本物"をやって見せたい──試行錯誤・探究の保障

　5歳児では、おとなのように"本物"らしくやってみたいという思いと、年下のクラスのためにやってあげたいという気持ちが結びついて、自分のクラス以外の人たちを招いてのパフォーマンスが計画されることがあります。そうなるには、まず、おとなが演劇、演奏、踊りなど"本物"の文化を見せる必要があります。

　ある保育園では、内容が微妙に違う「さるかに合戦」の絵本に対して、「本物持ってきて」という子どもたちに、いろいろな種類のさるかに合戦の絵本を読み聞かせ、2つのグループで2通りの「さるかに」を考え合い、劇づくりに発展していきました。本物のさるかにを見つけたい、という子どもたちでしたが、最終的には"違っていていいんだ""お話ってこうやってつくっていくものなんだ"と2つのお話を自然に受け入れていきました。[37]

　次頁にあげたのぎく保育園の影絵の実践は、「自分たちも楽しめて、なおかつ3、4歳児たちをも楽しませたい」という子どもたちの本気がつながった取り組みです。保育者が本物の「影絵」をやってみないかと提案したとき、子どもたちは目を輝かせて興味を示したそうです。保育者が何度かやって見せていた影絵でイメージができていて、子どもたちが本物の影絵を自分たちもやってみたいと思えたのです。今までなかなかハサミで切ろうとしなかった子も、みんなが次々に下絵を切り抜いて影絵にして遊ぶ様子を見て、自分からハサミを取り、切りはじめました。

　そして、クラス全体のテーマは影絵ですが、活動が行いやすいグループごとに出し物を決めて取り組む協同的活動となっています。何の動物かをあててもらうクイズを出すグループもあれば、読み聞かせをしてもらっていたお話や創作した物語を演じるグループ、わらべうた（じゃっくのつくったうち）を影絵で演じるグループなど、子どもたちの個性や興味を生かして多様なサブテーマが立ち上がっていきます。仲間といっしょにファンタジー物語を想像する力が育ってきている5歳児だからこそ楽しめる活動です。ストーリーを考えてからペープサートを作るのではなく、ペープサートを作ってからストーリーを考えていくところは、具体的な見えるモノや行為から思考していく幼児らしい発展のしかたです。

[37] 高見亮平「子どもたちが紐解き、再話した猿蟹合戦の世界」『季刊　保育問題研究』272号、新読書社、2015年、220～223頁。

実践　影絵をやりたい（その１）——本物らしくつくる

　運動会を終えた５歳児たちは、昨年の年長さんがしてくれたように、お楽しみ会をやって、３、４歳児を招待したいと言い出しました。子どもたちは、「自分たちも楽しめて、見ている（参加してくれる）ほうも楽しいものをやりたい」と話し合い、そのために何をするか探っていきました。結果的には、保育者が園の誕生会で数回上演していた本物の影絵を自分たちもやりたいということになり、４つのグループごとに影絵を使った出し物をすることになりました。

　子どもたちは、まず担任の正岡豊さんが用意した下絵を切り抜いてペープサートを作り、影絵で自由に遊んでみると楽しかったようで、今度は自分たちで考えたものを生活グループごとにやりたいということになりました。グループごとにやりたいものを話し合い、ペープサートを作ってみました。実際に子どもたちが作った物の影を壁に映してみると、ネズミのはずがワニに見えたり、ウサギがクマに見えたり、「わからない」と言われたりしながら何度も作り直していきました。そして、みんなで見せ合いっこしながら、どうすればそれらしく見えるのかを考え合ったあとに、グループの中で何を担当するか正式に決め、ペープサートを作成していきました。

　正岡さんは、影絵のやり方をなるべく教えずに子どもたちに考えてもらおうと思っていました。「動物の"目"があるんだけど、どうすれば"目"になるの？」などと積極的に保育者に聞いてくる子どもたちに、保育者はヒントを与えたり、へびがぐにゃぐにゃ動くように見せたいと考える子どもに、割りピンを使ったペープサートを思い出させ、割りピンをさすのを手伝ったりしました。子どもたちは、楽しそうに作っては壁に映してみるという作業をくり返し、制作しながら内容・ストーリーや役割を決めていきました。

　子どもたちは実際のスクリーンを使ってグループごとに練習して、その姿をみんなでビデオで見て、さらに声の出し方や動かし方、どこに立てば大きく映るかという光源からの距離・立ち位置などを楽しく、そして真剣に研究していきます。

　クラス全体で見せ合いっこをしたときは、一つのグループが終わるたびに、みんなから拍手をもらい、よかったことを言ってもらったり、アドバイスをもらったりして、大きな声を出すようにしたり台本を手直ししたりしていました。全部のグループの上演が終わったあとに、「なんかすごく楽しかったね」という言葉が子どもたちから自然に出てきました。給食の時間だよと言っているのに、「ねえ、○○作ろうよ」と友だちと話しながら作ろうとしたり、昼寝前、布団の上に寝転びながら手でペープサートを持ったつもりになって友だちとセリフ合わせをしたりする姿がありました。

（正岡豊・愛知・のぎく保育園「くじら組だより」No.75、2014年11月28日、および週案より抜粋・編集）

保育者は、影絵のやり方を事細かに教えることはしていません。子どもたちは、どうしたらうまく、本物らしく見えるか自分たちで研究していきます。グループ単位で出し物をすることで、ストーリーを相談したり、友だちとタイミングを合わせたり、息を合わせたりし、一つのものを作っていくとともに仲間関係が深まっていきます。また、子どもたちは、お互いのグループのよさやおもしろさ、工夫を認め合いながら自分たちの出し物にも取り入れていきます。そして、どうやったら「本物」らしく見えるかと探究心をもって作ったものを映し、また作り直すというように、試行錯誤しています。"本物"に向けて、子どもたち自ら考え合い探究することを保障することが重要です。

　さらに、5歳児の世界は家庭や園の外へと広がっていきます。地域の人々や大工さんや魚屋さんなどの職人・専門家など、「本物」のおとなの社会との出会いが、子どもたちの好奇心をかきたてたり、問題解決の糸口となったりと、重要な役割を果たすようになってきます。

最初から最後まで任されることによって生まれるアイデア

　5歳児は、活動・行事の全体を最初から最後まで任されることによって、自分たちのこととして本気で思考をめぐらし、過去の経験にもとづいていろいろなアイデアを思いつきます。次頁の実践「影絵をやりたい」(その2)のように、子どもたちは自分たちが演じるだけでなく、観客を招待するので、そのために必要なことも考えていきます。保育者は、案内から当日の運営まで子どもたちに任せました。見る人の立場に立って、グループのことだけでなく、会全体のことを考えることができています。受付に責任をもつグループでは、子どもたちの発想により、チケットを読み取る"機械"を作って観客を誘導することになりました。

　お楽しみ会当日には、子どもたちが本当に楽しそうにピョンピョン跳ねながら出番に出てきて、前に並んで自分たちで言葉を言って進めていきました。グループごとに違う出し物をしたのだけれど、共通にひとつのお楽しみ会をつくりあげた、みんなで知恵を出し合い、協力して目標を達成したという子どもたちの満足感がうかがわれます。

実践　影絵をやりたい（その2）——お客さんをむかえる

　子どもたちは影絵の出し物の練習だけでなく、ポスターやチケットもきれいに色をぬったものを作って、お客さんを呼ぶ準備をしていきました。
　お楽しみ会を翌日に控えて、担任の正岡さんと子どもたちはいっしょにプレイルームで最初から最後までの流れの確認をすると、お客さん（3、4歳児たち）に見せるためにどのようにしてはじめるのか決まっていないことに子どもたちは気づきました。
　そこで、全体の流れや用意する物などを子どもたちと考えると、会場掃除、椅子並べ・案内、チケットもぎり、準備ができたら呼びに行く人などが必要だという意見が出て、グループごとに担当することにしました。そのとき、チケットをめぐって次のような話し合いがありました。

正岡　「ねえねえ、チケット配るんだよね。当日持ってきてもらうんだよね。そのチケットどうするの？」
子ども　「えっ、もらうよ」
正岡　「そっかぁ、もらうんだ。でも、ほら見て。（きれいに色がぬられた子どもたちの手づくりチケットを見せ）こんなにすてきなチケットじゃん。これを『ください』って言ってお客さんが『いやです〜』って言ったらどうする？」
子ども　「……」
正岡　「みんなは大きいからさぁ、会場に入るためにはチケット渡さないといけない、はわかると思うけど、ぞう（3歳児）、いるか（4歳児）の子は渡してくれるとはかぎらんよ」
まこと　「だったら、チケット見せてもらった時にチケットの裏に「見ました」のマークか字を書いたら？」
子ども　「あっ、いいかもね〜」
正岡　「でもさぁ、一人ひとりにそれをやっていたら大渋滞が起きるかもね。みんなだったらどう？　もうすぐ入れる、と思っているのになかなか入れんときって？」
子ども　「あー、いやかも。早く入りたいって思うかも」
まこと　「あっ、じゃぁ、この前みんなで地下鉄に乗った時みたいな物を作ったら？」
正岡　「えっ、どういうこと？」
まこと　「あの、ほら、切符がスッて入っていくやつ」
正岡　「えっ、自動改札機???!!　ってこと？」
子ども　「あっ、いいねぇ」「それ、いい!!」
正岡　「えっ、でもそれを今から作る？　お楽しみ会は明日だよ」
子ども　「……無理かも〜」
のりお　「あのさぁ、チケットをピッてするところを作ったら？」（電子カード？）
子ども　「あっ、それいい!!」「それなら簡単だよ!!」「いいね〜」
正岡　「すごいね、ハイテクだ（笑）。たとえばどうするの？」
子ども　「通る時にチケットを置いてもらって、みんなが口でピッって言う!!」（メチャクチャアナログ（笑））

くじら組のお楽しみ会はこうして当日をむかえました。スクリーンの裏では、互いの動きを確認し合って、言葉ではなくアイコンタクトや小声で「こう？」「そっち‼」とやり合っている姿がありました。はじめの言葉からはじまり、次のグループの紹介、終わりの言葉も子どもたちがおもしろおかしく、すべて子どもたちのオリジナルの言葉で進められました。「楽しかった‼」「すごかった‼」「おもしろかった‼」「待っているくじら組さんも応援しているのがすてきだった」などと言ってもらった子どもたち。
　担任の正岡さんは、このときの感想を次のように述べています。

　くじらの子どもたちの元気で楽しそうな影絵をすごいまなざしで見ている３、４歳の子どもたち。そして保育者たち。なんだか、それを見ていて涙が出そうになりました。子どもたちの力ってすごい。そして、今までにない一体感、自分たちで作り、自分たちで演じる。何より楽しそう、堂々とやっている。
　何より担任がいなくても大丈夫、オレたちがんばればできるんだ、の達成感。友だちと協力し、息を合わせるとこんなに楽しい、楽しいことができるんだ、という実感を持つことができたのではないかな、と思いました。
（正岡豊・愛知・のぎく保育園「くじら組だより」No.76、2014年12月５日、より抜粋・編集）

　第Ⅱ部の実践では、３、４歳児を「おばけめいろ」に誘って楽しませることや、キャンプの準備・運営を子どもたちに任せることで、自分たちで当日を想定したロールプレイをはじめたり、やりたいことを出し合って自分たちで意見を調整したりと、見通しをもって準備をしていっています。またお泊まり会時の川探険のスケジュールを任せることによって、自分たちで食べる時間や食べる量、休憩する時間などを考えて自分たちで道を探したりしています。

column 自分たちで楽しさを追求できる園庭　　木村歩美　NPO法人園庭・園外での野育を推進する会

1・2　夏になると、井戸水をためた「じゃぶ池」が登場するももぞのこども園（大分）の園庭。5歳児が職員とともに組み立てる（木の枠でできていて、中にシートを敷く）。池の床の下はやわらかい黒土の園庭なので、安全性も高い。

3　旭川ふたば幼稚園（北海道）では、平面的だった2つの砂場を思い切って立体化。

4　高低差を利用して、樋で手前の枕木エリアとつなげたりと、今日も新しいあそびが生まれている。
5　棚やテーブルは職員みんなの手づくり。子どもたちが"片づけたくなる"棚をめざして今も工夫の真っ最中。

6～8　三瀬保育園（山形）の園庭中央の築山では、常に異年齢の子どもたちがともに過ごしている。機が熟すと、飛び降りる。

子どもたちの自由と挑戦を広げる園庭には危険がつきものだが、ここで紹介した園庭改造事例は、いずれも一級建築士の井上寿氏による監修のもと、安全性に配慮しつつ、現場の保育者との対話と園内研修（木村担当）とセットで検討・デザイン・作業を進めている。

4 5歳の保育③
子どもの声が聴き取られ大切にされる保育

子どもをよく見て、言動の裏にある思いを聴き取る

　「子どもの参画」で大事なことは、子どもの声に耳を傾け、子どもが興味・関心をもっていることややってみたいと思っていることに合致した活動が展開されるということであると述べました。子どもたちは自分たちの声が聴き取られることによって、自分たちが大切にされていることを感じます。では、子どもたちの声を聴き取るためにはどのようなことに配慮して保育すればよいでしょうか。

　5歳児は、自分の思いをだいぶ言葉で伝えることができるようになってきますので、保育者はついつい言葉で伝え合おうと考えがちです。しかし、子どもたちは言葉だけで表現しているわけではありません。体全体で表現しているのです。5歳児では、相手の気持ちや、こう言うとどうなるかという予測もできるようになってくるからこそ、言っても聴いてくれないからやめておこう、などと言いたいことを飲み込んでしまうことも出てきます。また、おとなの期待していることもわかって、自分の本音を出す前にその意に沿おうと努力するような姿も出てきます。

　まずは、子どもたちのやっていることをよく見て、その言動の裏にある思いを聴き取ることが大事です。子どもたちが何に興味をもっているのか、何をしたいと思っているのか、じっくり観察する余裕がほしいものです。

　たとえば、和光保育園（千葉）では、畑からカボチャをもらってきて、それで「パンプキンを作るから切りたい」と言っている子どもに、最初はあそびだと思って保育者はスズムシのエサ切り用の包丁を使うことを提案します。しかし、保育者は子どもの様子を見ているうちに、もしかしたら、本当に料理したいのかなと思い、「パンプキンってどういうものなの？」と

聞いて絵をいっしょに描いてみます。すると、本当の料理をしたいことがわかってきて、保育者は料理用の道具を用意してあげ、友だちも加わってその子の願いを実現させることができました。[38]

また、友だちのあそびに入りたいのに、入るタイミングがわからなかったり、拒否されたり無視されたりした経験から、わざと友だちがいやがることを言ったりあそびを壊したりする5歳児もいます。まずは、その行為をとがめるのではなく、その背後にある思いを推察し、聴き取っていくことが大事です。保護者にも家庭での様子をたずねたり園での状況を伝えたりしながら、子どもの要求や葛藤を探っていく必要もあるでしょう。

[38] 鈴木秀弘＋和光保育園職員、森眞理『子どもに学んだ和光の保育――響きあういのちの躍動』ひとなる書房、2015年、119～129頁。

安心感をもって本音を聴き合う対話

おとなが自分のことを見ていてくれた、気にかけていてくれたことから、安心感をもって話をすることができます。そこでは、何を言っても聴いてもらえる、否定されないという雰囲気が大事でしょう。子どもが少々突拍子もないことを言ったとしても、否定したり無視したりせずに対話し、その裏にある思いをよく聴くことで、理由や他の子どもたちの意見との共通点や本当にやりたいことが見えてくることもあります。

やりたい気持ちはあるけれど、不安だったりどうやってよいかわからなかったりして、参加できないという子どももいます。少数であっても、そうした子どもたちの声もていねいに聴き取って、願いを共有し、問題の解決策を考え合うことが大事です。困っていることややりたくないこと、いやなこと、そしてなぜいやかという理由や不安を出し合い、受け止められることによって、安心して話せるようになっていきます。また、なんでも言っていいんだ、「こわがること」や「できないこと」は、恥ずかしいこと

ではないという価値観も身についてきます。
　それは保育者と子どもとの対話においてもそうですし、子ども同士でも、「……って思っているんじゃない？」と友だちの気持ちを読み取って、言語化の援助をしようとするようになります。そして、「それいいね～」とか「自分もそんなときあるよ」と共感された体験は、安心感を生み出し、子どもたちは少しずつ自分の失敗や困っていることなども集団の中でさらけ出せるようになっていくでしょう。

既存のルールや活動を見直す

　子どもたちは、ルールやしてはいけないことはわかっていても、ついきまりを破ってしまうことや失敗してしまうことがあります。そのことを非難するのではなく、なぜそうなってしまったのか、そのときどう思っていたのか、ふり返らせることと、他の子にも自分だったらどうかと自分に置き換えて考え、友だちの気持ちを推察したり、そのようなことは自分にもある、よくわかる、という共感を表明することを援助することがまず大事です。[39]「……しなければいけない」などとルールにあてはめるだけの表面的な話し合いになってしまうと、本音が出せなくなってしまいます。自分の気持ちをわかってもらえないと、ますます殻に閉じこもってしまうかもしれません。共感したうえで、既存のルールや制度に縛られるのではなく、自分たちの要求や状況に応じてルールを変えていくことも含めて、どうしたらよいのか子どもたちに考えさせる保育が求められています。

[39] 神田英雄、前掲『３歳から６歳』159～161頁の事例参照。

　たとえば、当番活動などのしごとをしない子どもがみられることもあります。「年長なのに！」と思ってしまうこともあるかもしれませんが、他のあそびに熱中しているようでしたら、自分で考えて、ダイナミックに遊ぶ力やおとなに内緒で動く力がついてきたことの裏返しかもしれません。きまりきったしごとより自分たちの考えたあそびのほうがおもしろいのかもしれません。あるいは、じつはしごとのやり方がわからなくて困っていたり、１人ではなく友だちといっしょにやりたいと思っていたりすることもあるでしょう。保育者自身も自分の保育をふり返り、子どもたちの本音を探るとともに、５歳児だからこそできる魅力的なしごとや活動をつくりだしていく必要があるでしょう。

実践　仲よしになりたくて──お家のものを持ってくる事件

　4月22日、事件が起きました。どうやらかえでちゃんが家から持ってきて、みやこちゃんにあげたちょっとしたシールや紙をめぐって、もらえた子・もらえなかった子がいたらしく、文句が……。「本当はそういうものを園に持ってきてはダメ」なことは十分わかっている子どもたちなので、集団的にこっそりやりとりをしていたようです。それで、子どもたちを集めて話をしてみました。

　保育者　「今かぶらさん（5歳児クラス）で、ちょっとした事件起きてるんだあ。だれか話してくれないかなあ」
　あきと　「ウン。かえでがみやこにナメコシールあげて、かいがね、とっちゃって。ナメコシールもらってない人もいたんだあ。はじめ、もらえない人でちょっとやだなあって思って。本当に!!」
　かい　「とったんじゃなくて、みやこちゃんがあげるって言ったから」
　保育者　「それからどうなったの!?」
　まさき　（手をあげて）「ぼくは、一回もらったんだけど、家の大事なものだって気づいてみやこに返した」
　保育者　「どうやって返したの!?」
　まさき　「家の大事なものでしょ。『ごめんな』って言って」
　保育者　「『ごめんな』って!?」
　まさき　「せっかくくれたけれど……って感じ……」
　ちはる　「ナメコのシール、あげた人ともらった人は、何やってたの!?」
　かえで　「約束はしてないけど……」
　ちはる　「じゃあなんで持ってきたの!?」
　かえで　（しばーらく考えて……）「みやこちゃんにあげたくてもってきたくなっちゃったの」
　保育者　「みんなは、そーゆーかえでの気持ちわかるの!?」
　子どもたち「ウン。わかるよお」
　保育者　「もう少し、くわしく話せる!?　かえで、どうしたかったんだろう!?」
　ようた　「喜んでくれると思ったんやないかなあ～」
　保育者　「喜んでくれるってえ!?」
　けんた　「えーと、もっと……えーと、なんかー、えーと、友だちになりたいっていうかあ」
　保育者　「あっ、もしかして、もっといっぱい友だちになりたいっていうことかなあ!?」
　子ども　「あっ、そうそう!?」
　保育者　「えーと、かえでがはじめにあげたかった人って!?」
　子ども　「みやこちゃんだよお」
　保育者　「ということは、みやこちゃんともっと仲よくなりたかったのかな？ねえみんなもさ、自分の好きな人が自分のこと好きでいてくれるかなって心配になることある!?」
　子ども　「ある！　ある！」
　ようた　「あのさーそーゆーことを確かめたかったんじゃない!?」
　保育者　「そーゆー気持っていけない気持!?　なの!?」

ようた・みんな	「ウウン、ちがう」「悪くないよお」
保育者	「そうだよね〜悪くないよね〜そーゆー気持ちって前からあったの？」
子ども	「ないない」
まさみ	「最近だよお」
保育者	「そっかあ。大きくなったからこーゆー気持ちが心に出てくるんだねえー。じゃあ、こーゆー気持ちになった時、物をあげたら友だちになれるの!?」
みんな	「なれないかなあ〜」
まさみ	「最初はうれしいけど、あとからそうでもないし、その時だけなんだよ。それに、あとからこーゆーことあるといやな気がしてくる」
りょうじ	「たたかいごっこが好きな子は、たたかいごっこをしたほうがいい」
保育者	「物をあげるより、その友だちの好きなあそびをいっしょにしたほうがいいっていうこと!?　好きなあそびをいっしょにするとどんな感じ!?」
ちはる	「うれしい感じ」
きみか	「友だちがふえる」
ちはる	「ケンカしても仲よしになれて、ケンカの時はドキドキするかもしれないけど、話し合えてまた仲よしになれる。遊びたくってたまらなくなる」
保育者	「そんな友だちみんなはいるの!?」
子ども	「いるよー！」（ほとんどの子が）
保育者	「かえでは!?」
かえで	「いる。みやこちゃんと、もっと、もっと友だちになりたかったの」（泣く。みやこもひくひくしている）
保育者	「みんな、かえでの気持ちわかる!?」
子ども	「あー、わかるわかる」「わかるよお」
保育者	「みやこはどうなのかなー!?　みやこはかえでのこと、どう思っているの!?」
みやこ	（考えて）「みやこはね、かえでのこと好きだよ」
保育者	「そっかー。で、2人はさ、ナメコのシールでもっと仲よしになれたの!?」
みやこ	「ウーンなれてないかなー……」
保育者	「どうしたらなれるかなー」
みやこ	「みやこはさ、まじょごっことか、いっしょに遊んだらいいかもって思ったんだけど、2人とも好きだから」
保育者	「今回さ、かえでのことからさあ、大事なことを学んだねえ。"物"をあげても友だちにはそうはなれないらしい、もっと仲よしになるには、いっしょに楽しいことして遊ぶのが大事だってことがわかってきたんだよね。かえでってすてきってオク（保育者の愛称。子どもたちからは"オクちゃん"と呼ばれている）は思ったんだよ。だってさ、何か自分がしちゃったことをこうやってうそつかずに話してくれて、そしてさ、一生懸命考えて、どうしたらいいかわかって……。あきらめずに、逃げずに考えてさ。とってもしんどいことだと思うけど、かえで逃げずに考えてさ。おとなでもむずかしいことだって、オクは思うの」
子どもたち	「ウン!!」

（富田靖子・愛知・こすもす保育園「かぶら組I期のまとめ」（2013年度）より、子どもの名前は変更）

第3章
5歳児クラスで立ち上げるプロジェクト・協同的活動
―― 子どもが「参画する保育」を実現する3つのポイント

子どもが「参画する」協同的な保育をつくりだすための3つのポイント
❶ プロジェクト・協同的活動を保育の中心に位置づける
❷ 「参画」の質を決定づける「話し合い」の質を高める
❸ 保育者同士の同僚性と記録を土台に保育実践をデザインし合う

　第2章では、5歳児を「参画する主体」としてとらえる活動は、必然的に協同活動に発展していくということについて述べ、その際の保育の課題を3つに整理して検討してきました。ひとことでまとめるならば、子どもの声にていねいに耳を傾けながら、子どもを「参画の主体」に育てようとする保育者の願いと、子どもの声との接点を、ていねいにつくりだす保育実践が求められているということなのです。

　それでは、そうした課題を日々の保育の中に位置づけ、実践していくためには、具体的にはどんなことに配慮していけばよいのでしょうか。本章で紹介したい子どもが「参画する」保育・活動の創造を成功に導くカギは、次の3つです。

　まず1つめは、プロジェクト・協同的活動を保育の中心に位置づけること、2つめは、「参画」の質を決定づける「話し合い」の質を高めること、そして3つめは、保育者同士の同僚性と記録を土台に保育実践をデザインし合うことです。

1 ポイント① プロジェクト・協同的活動を保育の中心に位置づける

1）プロジェクト・協同的活動とは何か

プロジェクト活動の魅力――砂鉄から鉄を作る

　協同的活動の発展のしかたとしては、子どもたちの興味・関心にもとづいたプロジェクト活動としての軌跡を描くことがよくあります。プロジェクト活動は、必ずしも特別なことではなく、日常の活動から発展していくものです。その一例を和光保育園（千葉）の砂鉄から鉄を作るプロジェクト活動に見てみましょう。

　5歳児クラスの10月、園庭に落ちていた木から火おこしに興味をもってやりはじめた子どもたちと、たき火の煙から雲を連想し、空を飛んでみたいと思い気球に興味をもって探究しはじめた子どもたちがいました。興味をもつ子どもたちが増えていき、クラスの子どもたちが火おこしチームと気球チームのどちらかに参加することになり、さらには火おこしでできた火を使って気球を上げる目標に向かって、両チームが統合されていきます。

　そして、その後みんなで火の力でできることは何か考えているなかで、手裏剣（粘土で作ってたき火で素焼きしたもの）が想起され、手裏剣→鉄でできている→鉄は磁石でつく→砂鉄、と関連を探っていきます。そして、園庭で砂鉄を見つけたことから、砂鉄をフライパンに入れて温めて溶かして鉄を作ろう、その鉄で何かを作りたい、と活動が発展していきます。しかし、そのためには高熱が必要で、自分たちではできないことがわかり、地域の鉄工所に聞いて回ったりするうちに、砂鉄から鉄を作る「たたら製鉄」の刀鍛冶の大野さんとの出会いによって、鉄の作り方を学んでいきます。

[40] 鈴木秀弘＋和光保育園職員、森眞理、前掲『子どもに学んだ和光の保育――響きあういのちの躍動』15〜80頁。

少しずつ息が合ってきて、「よし！　回ったぞ！」

「こういうのって"ききゅう"っていうんじゃない？」

大野さんに会いに行く遠足は、子どもたちはとても楽しみにしており、その準備のために2グループに分かれて、質問を考え手紙を書いたり、行き方を調べ地図を作ったりしながら、目標をもって生きいきと取り組んでいきます。大野さんとの交流は遠足のあとも続き、ついには大野さんに保育園に来てもらい、たたら炉で実際に砂鉄から鉄の塊をいっしょに作り、それから包丁を作ってもらうことになりました。

　この実践では、火おこしや気球に興味をもった数人の子どもたちから活動がはじまり、「おもしろそう」と、それらの活動に参加する子どもが増えていった段階で、クラス全員が2チームに分かれて取り組むことを決め、全員による協同的活動がはじまります。そこで、「どうやったら火がおこせるか」「どうやったら気球を作ることができるか」という疑問を共有し、目標に向けて知恵を出し合ったり計画を立てたりする話し合いがはじまります。多くの知恵や力を出し合わなければ解決できない、目標を達成できない課題なのです。そして、後半には「どうやったら鉄ができるのか」という疑問が共有され、「鉄を作る」という目標に向けて、次第にグループごとに役割を分担したり、計画を立てたりして、より組織的・協同的な活動へと発展していっています。

　大野さんから話を聞いたあと、他クラスや保護者に向けて「わこうてつけんきゅうじょ」の報告会を開くことになり、報告の中身をみんなで相談し、チームに分かれて準備し、自分たちの実感のある言葉で、これまでやってきたことやわかったことを伝えていきました。そこで「そうなんだ、すごい！」と受け止められて、子どもたちの満足感や誇りは高まり、次への意欲（鉄を作るために砂鉄を集める）につながっていきます。

　保育者は、子どもたちが興味をもったこと、やりたいと思ったことはとことんやらせてあげようという姿勢で、「何かおもしろいことが起きるのではないか」とワクワクしています。子どもたちのつぶやきに耳を傾け、「どのように理解しているのか、もう少し聴いてみよう」と、子どもたちと対等な立場で相談しています。「雲と煙はどう違うと思う？」と質問して興味をもたせたり、子どもたちの願いをかなえるために、「こうしてはどう？」と提案してみたり、「おこした火で何がやりたいの？」「鉄って何でできているの？」と子どもたちの思いに沿って問いかけていきます。子どもたちは、これまで経験しているたき火や養蚕などから得た知識をもとに、「こう

火おこしチームがおこした火で、気球が上がった！

フライパンに砂鉄を入れて熱してみる。

保育園に来てくれた刀鍛冶の大野さんといっしょに、砂鉄を入れたたたら炉に炭を補給する。

「ほら、これが鉄だよ」
「え!?」
磁石を近づけてみると……

したらできるんじゃない？」と予測したり、「どうしてうまくいかなかったんだろう」と類推したりしながら、試行錯誤していきます。

こうして、協同的活動になるテーマや活動は、子どもたちの興味・関心に沿った活動をプロジェクト活動として発展させることによって、子どもたちの要求にかなったものとなり、主体的に「参画」して取り組めるものとなります。このように、子どもたちの3つの力（第1章）がいかんなく発揮されるプロジェクト・協同的活動は、5歳児保育の中心に位置づくものといえるでしょう。

「わこうてつけんきゅうじょ」の学びの報告会。

プロジェクト活動の5つの条件

では、何をもって「プロジェクト活動」というのでしょうか。改めて、プロジェクト活動の条件を考えてみましょう。

「鉄づくり」の実践例からもわかるように、プロジェクト活動は、子どもの興味・関心や生活体験に即したテーマに沿って展開される活動です。同じ関心をもつ数人の仲間とともに自分たちの興味・疑問や問題を自分たちで探究しようと目標志向的に試行錯誤しながら調査したり、制作・表現活動に取り組んだりしますが、1週間以上、場合によっては数ヵ月間継続されます。

ある特定のテーマについてあれこれ調べ、掘り下げていくこともあれば、最初からはっきりとした問題の解決を意識していなくても、活動の途中で、もっと知りたいという興味や、どうなるんだろう、どうしたら本物らしくできるんだろう、というような疑問がわいてきて、自分たちで考えて進めていくこともあるでしょう。

プロジェクトは、目標のイメージは共有していても、そこにどのようにして近づいていくのかという道筋は共有していないカリキュラムだといわれます。だからこそ、おもしろいのです。その過程では、園外の専門家や地域の人々の力も借りて、保育者自身も知らなかったことを知ったり、ワクワクしながらその活動を子どもたちといっしょに楽しんだりします。つまり保育者は、子どもたちと対話しながらいっしょに活動をつくりあげていくのです。保育者は、子どもたちの姿から活動の発展を予測し、方向性やアイデアなどを提案したり、環境を準備したりします。単に知識やスキ

[41] リリアン・カッツ／シルビア・チャード著、小田豊監修、奥野正義訳『子どもの心といきいきとかかわりあう——プロジェクト・アプローチ』光生館、2004年、3頁。

[42] 加藤繁美さんは「対話能力を身につけた幼児後期の子どもと保育者が、プロジェクト的な活動を共同して作り出していくカリキュラムを、幼児後期の対話的保育カリキュラムの中核部分を構成する『生成発展カリキュラム』と呼」んでいます（前掲『対話的保育カリキュラム 上』68・70頁）。

ルを身につけさせるためではなく、子どもたちが意欲的・創造的に取り組むなかで、結果として感性、思考力、洞察力、価値観、自尊感情などを発達させていくことをねらっているのです。

　プロジェクト活動は、「鉄づくり」の実践のように数人の興味のある子どもたちがやりはじめたことをクラス全体で取り組む場合もあれば、それをグループごとに分担したりグループごとにアイデアを出したりしながら全体で取り組む場合、興味をもって参加する子どもが次第に増えていきクラス全員の取り組みになる場合など、さまざまです。5歳児では、違いを認め合える関係や分担・協力などの組織的活動も次第に自分たちで進めていけるようになってきますので、小グループでの話し合いや分担する活動が充実してきます。

　なおプロジェクト活動は、当然、子どもの参画にもとづくものですが、協同的活動は、必ずしも子どもが参画しているとはかぎらず、子どもたちが意見を聴かれることもなく、保育者主導で進められてしまう場合もありますし、子どもの参画の度合いはいろいろです。5歳児では、子どもの参画の度合いを高めながら、プロジェクト的な協同的活動が発展していくことが期待されます。

　まとめると、プロジェクト活動の条件としては、以下のものがあげられます。

❶ 子どもの興味・関心に応じたテーマである。最初からクラス全員の関心が完全に一致しなくても、個々のアイデアを生かして、少人数、小グループの活動から大きなグループ、クラス全体の活動へと発展していく。
❷ 保育者はおおまかな計画はもっているが、子どもたちの発想によって、計画通りいくかどうかはわからない。子どもたちの話し合いによって展開される。
❸ 活動の途中でも疑問や問題が生じてきて、それを探究したり解決したりしようとする。子どもが自分で問いの答えを見出したり、新たな疑問を見つけたりできるように導かれる。
❹ 個々の子どもの関心をもっていることやアイデア、活動の経過と結果などは、話し合いやドキュメンテーションによって共有されていく。
❺ 保育者もいっしょに楽しんで探究していくなかで、地域の人々との新たなかかわりが生まれるなど、社会参加につながるように活動が発展していく。

解説　子どもの今をとらえ明日を見出す「ドキュメンテーション」

　レッジョ・エミリア・アプローチの保育においては、保育者は子どもをよく観察して、子どもが興味をもっていること、熱中していることなどを写真に撮り、子どもを理解し、子どもの興味・関心を発展させる手助けになる環境設定や援助を検討する「教育ドキュメンテーション*」の過程があります。

　ドキュメンテーションには「視覚教材による記録や、子どもたちの対話やグループディスカッションの聴き書きや、写真やスライド、重要な瞬間や活動のビデオテープや子どもたちが制作した作品や建造物のコレクションとともに手書きのメモも含まれ**」ます。

　子どもたちの言葉や作品、映像などを保育者たちがふり返って話し合うことによって、たまたま写っていた子どもが遊んでいたものから、その子が何に興味をもっているかがわかったり、自信なさそうな表情から何かを達成した満足げな表情に変わる場面がわかったりなど、そのとき見えていなかったものが見えてきて、子どもの内面に気づくこともあります。

　このドキュメンテーションは、子どもも見ることができる場所に貼っておくことで、子どもたち自身が自分たちの活動をふり返り発展させていくとともに、保護者にとっても、イメージをつかみやすく、子どもたちを理解し、園と連携・協力していくために効果を発揮します。何を写真に撮って知らせるか判断するにあたっては、子ども観や活動の発展の方向性のとらえ方などが問われてくるでしょう。

*　ウェンドラー由紀子「スウェーデンの保育——就学前学校における教育ドキュメンテーションとプロジェクト活動」愛知県立大学生涯発達研究所編『生涯発達研究8』2016年。
**　C・エドワーズ／L・ガンディーニ／G・フォアマン編、佐藤学・森眞理・塚田美紀訳『子どもたちの100の言葉——レッジョ・エミリアの幼児教育』世織書房、2001年、280頁。

實方亮輔さん（東京・荻窪北保育園）のクラスでは、散歩先での出来事・子どもの発見などを撮った写真にコメントを書き添え、子どもたちがいつでも見ることができるように保育室の壁に貼り出しています。写真は、公園であやしいものを見つけたことをきっかけにドラキュラ探険が盛り上がっていく様子を記録したもの（2014年度）。

行事をプロジェクト活動の視点から組み立てる

　5歳児では、他の年齢にはない行事や、年長児として特別な役割を担う行事もあります。また、運動会や劇の発表会など、文化に向かい合い、目標をもって取り組む活動では、子どもたちは、前年度の年長児にあこがれ、少しむずかしいことにも、できるようになりたい、というような思いをもって、本気で挑戦していく姿がよくみられます。一方で、活動を負担に感じたり、できてもうれしそうでなく自信になっていかなかったりする子どもの姿がみられたことから、運動会を、楽しめるスポーツフェスタに見直すことにした園もあります[43]。どちらをとるかは、悩むところです。

　しかし、このような行事も子どもの参画・プロジェクト活動の視点からとらえ直してみることができます。「発表」や「本番」のある行事への取り組みは、急に組織的にはじまるのではなく、日常的なあそびや生活の発展の延長線上に行われることが多いと思います。その意味では、行事への取り組みは、プロジェクト活動と同様の経過をたどっていくといえます。行事にどのように取り組んでいくのかをプロジェクト活動の条件としてあげた5つの視点（62頁）からとらえ直してみてはどうでしょうか。

　運動的な活動（縄跳びや竹馬）[44]や劇ごっこなどは、全員が取り組む時間を設定することもありますが、自由あそびの時間などにやりたい子どもたちが取り組みはじめ、次第に参加する人数が増えていき、クラス全体の活動へと盛り上がっていきます。4歳児クラスのときに年長児のやっている姿を見せたり、保育者が楽しそうにやってみせたりすることによって、子どもたちも興味をもってやりたくなっていきます。どうやったらうまくできるか、本物らしくできるかなど、子どもたちは試行錯誤したり、相談したり作戦を立てたりし、探究し工夫していきます。

　個人の活動もクラス全員で取り組んでいる活動も、途中でその情報を共有し、見せ合いっこしたり自分たちが演じている姿をビデオに撮ってみんなで見てふり返ったり、保育者や保護者等に評価してもらったりして、経過や成果を確認し、共感し合っていきます。

　そして、子どもたちは、日常的に遊んでいる運動的な活動や劇ごっこなどが楽しくなってくると、運動会や発表会でやってみたい、見てもらいた

[43] 神崎真由美「運動会をひまわり親子スポーツフェスタに変えて」『ちいさいなかま』615号（2015年、臨時増刊号）、100〜110頁。

[44] 運動面の発達については、5歳児は足が地面から離れたところで体をコントロールし、2つ以上の動きを組み合わせ、一連の動きの中にリズムやアクセントを入れて「力を込めるコツ」がつかめるようにもなるので、縄跳び、鉄棒、自転車、竹馬、跳び箱、遊泳などに熱中すると言われています（服部敬子、前掲『教育と保育のための発達診断』138頁）。

いなどという思いも出てきます。プロジェクト的活動の節目やしめくくりとして、発表会や行事が計画されます（**図2**参照）。恒例の行事だからといって、最初から内容や種目が決まっているのではなく、毎年、子どもたちの要求や意見を聴いて、子どもたちといっしょに内容を決めます。

図2

```
                    参画
                     ↑
       〈プロジェクト活動〉
                         　　　　　　　　　行事
                行事の目標・内容・分担　決定　　当日
         日常的活動
個人的 ←─────────┼─────────→ 集団的
自由あそび的      │              組織的
                     〈協同的活動〉
                     ↓
                   非参画
```

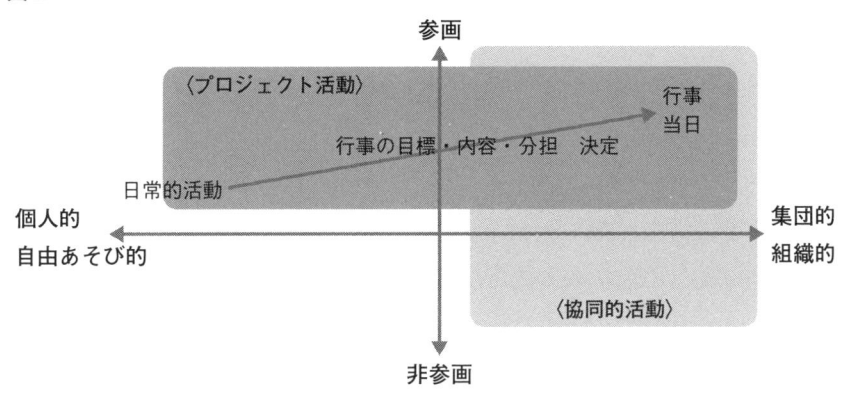

実践　跳び箱の一段っておもしろい

　3～5歳児は異年齢で保育しているこっこ保育園では、運動会でそれまでは毎年、5歳児は跳び箱をしていました。保育者の渡辺智美さんは、開脚跳びで跳ぶことよりも、跳び箱を"お山"に見たて、3～5歳であそびとして楽しんでみることにし、準備や段数も子どもたちのやりたいように任せてみました。

　最近子どもたちは1段や2段など低い跳び箱が楽しくなっています。5・6段の跳び箱では味わえない楽しさがあるんですよ。手をついて跳ぶのも低すぎてむずかしくそれが楽しかったり、跳び箱を越えて前転する技、跳び越える技、いろんな跳び方を考えて楽しんでいるのです。それに一段だったらみんなとワイワイ楽しむことができる、これがおもしろいのですね。そしてエアー大縄（回しているふり）も大人気。何の技でもひっかからないし、みんなで何回も跳べるしね。子どもたちは楽しいと思える遊び方を考える天才、子どもの発想って本当におもしろいです。

（渡辺智美・三重・こっこ保育園「きいちごだより」2011年10月11日より）

　片手の手首でぐるぐる「縄回し」をする5歳児の姿を見て、「かっこいい！」とまねしてパジャマのズボンを回す3歳児さんも出現。こんなこともやりながら年度末まで跳び箱で楽しく遊んだ結果、5歳児はみんな5～6段の跳び箱が跳べるようになっていきました。体育的課題の達成の方法には、ストレートに課題に取り組ませる方法もありますが、創造的・プロジェクト的なあそびを楽しむなかで結果的に達成する場合もあります。いずれにせよ、子どもたちの願いを、子どもたちのやりたい方法で、実現できることが重要ではないでしょうか。

行事も、できるようになった技能を見せることだけに焦点があたってしまうと、子どもたちは緊張してしまいます。子どもたちがどんな会を望んでいるのか、聴き取っていく必要があるでしょう。運動会では、オープニングは5歳児が出し物をしたいとか、パン食い競争をやってみたいとか、3、4歳児といっしょにやる競技が楽しい、親子競技をやりたいなどの意見を取り入れて、子どもも企画を考え、参画するような楽しい運動会にできると、思い出に残るものになるのではないでしょうか。5歳児が当日の司会の一部を担ったり、入場門を作ったり、下の年齢のクラスの援助をしたり、運営の一部に参加することも考えられます。

　劇の発表会も、観客を招待するために必要なことは何か、子どもたちが考え、そのための準備をする場合もあります。また、お泊まり会のためには、いつまでにどんなことを決めたり準備したりしなければいけないかなどの計画を保育者といっしょに立てるようになっていきます。

2）プロジェクト活動のはじまりと発展

　プロジェクト活動は、いつも子どもたちから発生してくるとはかぎりません。偶然の状況や出来事からはじまる場合や、保育者の提案から生まれる場合もあります。❹⓹保育者がどの段階でどのようにかかわるか、クラスの中の広がり方によって、いくつかのパターンがあります。

①……状況のなかから生まれる（偶然の出来事から）

　偶然の出来事からイメージが広がったり、地域の人などとの出会いがきっかけとなったりして、探究したいテーマがつくられていきます。そのテーマに沿って、子どもの発想・意見を取り入れながら、保育者がファンタジーの世界へストーリーを導いていくこともありますし、組織的な活動に発展していくこともあります。❹⓺

　散歩先での偶然の発見を契機に探究する過程で、絵本の中の登場人物や架空の

❹⓹ 渡邉眞依子「プロジェクト活動の指導方法・援助」豊田和子・新井美保子・渡辺桜編『実践を創造する幼児教育の方法』みらい、2013年、113〜114頁。

❹⓺ 第Ⅱ部で紹介する「化石発見からはじまった探険ごっこ」や園周辺の川や公園を探索する「世界を広げる散歩」は、プロジェクト活動に発展する可能性を秘めています。

人物から手紙が来て子どもたちとやりとりしたり、ワクワクドキドキしながら探険したりすることもあります。3、4歳児では、手紙や保育者のしかけにのって、ごっこあそびで終わってしまうこともありがちですが、5歳児では、それを契機に疑問をもって調べたり、協力し合って取り組むことによって探究的な学びになっていきます。

②……**保育者の提案から生まれる**

　子どもたちのあそびの様子を見ながら、興味・関心を考慮して、保育者からプロジェクト的活動を提案する場合もあります。ほぼ毎年恒例の行事（お泊まり会、キャンプ、運動会、クッキングパーティー、劇ごっこ等）などでは、ある程度保育者が提案しますが、どのようにしたいか子どもたちと相談しながら決めていきます。[47]

　子どもたちのごっこあそびの様子から保育者がクラス全員で「お祭りのお店屋さんごっこをしよう」と提案。何のお店にするかはやりたい子ども同士が集まって相談。品物づくりを進める中で、自発的にお金をつくる子どもや、体を動かして遊べる遊園地を考案する子どもも出てきました。[48]

③……**子どもたちの自発的なアイデアによって生まれる**

　子どもたちがやりたいと言ったことを、保育者が援助していきます。子どもたちの発案を保育者が取り上げてクラスのみんなでお店屋さんごっこや共同制作、探険・探索などに発展させていく場合や、数人の子どもがはじめた活動ややりたいと発案したことを、保育者がクラス全員での活動として提案し、子どもたちが中心になって決めて進めていく場合、子どもたちの自発的なアイデアにより、子ども主導で最初から企画してほとんど子どもたちが決めて運営していく場合などがあります。[49]

　保育者の篠笛の音色が響く中、はっぴを着て自分たちでつくった鈴を鳴らしながら保育園を練り歩いた夕涼み会。その楽しさを思い出したのか、散歩中5歳のSくんが「おれ、竜みたいなの作って、みんなでパレードしたいな。それで外と

[47] 第Ⅱ部で紹介する「キャンプ」や「お泊まり会」では、やるかどうかは保育者の提案から話し合いますが、内容については子どもたちのアイデアにゆだねています。

[48] 上野真理子・神田英雄『幼児の遊び実践シリーズ第3巻　5歳児のあそび』労働旬報社、1994年、18～50頁参照。

[49] 第Ⅱ部で紹介する「おばけめいろ」づくりや「川探険」がこれにあたります。他にも、家族で魚釣りに行った1人の子が魚の絵を描きはじめたことがきっかけで、魚を描くことが他の子たちの間にも広がり、水族館づくり、実物大のじんべいざめをつくるプロジェクトなどに発展していった実践（青山均、前掲「実物大のじんべいざめを描こう！」『現代と保育』63号）など。

か歩きたい！」と言ったのを聞いた子どもたちが「やってみたい！」と盛り上がりました。竜を作っていくうちに「わに」になり、部屋で飼っていた「ヤモリが作りたい」というのでヤモリも作りました。4、5歳児が保育者とダンボールで形を作り、2、3歳児が色画用紙を細かく切ってのりで貼っていくなど、異年齢で作っていきました。出来上がったらすぐにそれらを担いで園内をパレード。「♪ぱんだ、うさぎ、こあら」のうたを「♪あんず、わにさん、ヤモリ！」と変えて歌いながら、担任のタンバリンのリズムで園内をまわりました。ホールまで行くとやまももさんたちがやって来て、いっしょに歌って歩こう！　と誘い、ホールをぐるぐると歩き回って楽しみました。このようにして、あんずの部屋の子どもたちには、部屋を飛び出して園内を回るには「パレード」ということが定番になっていきました。[50]

いずれにしても、子どものつぶやきをひろったり、子どもの様子を観察し、子どもと保育者とが対話したりするなかからテーマが設定され展開されていきます。子どもたちが決めることを大事にするあまり、子どもたちのなかに経験にもとづくイメージがまだつくられていない段階で、子どもたちから意見が出てくることを求めてもうまくいかないでしょう。子どもたちの潜在的要求にもとづいて保育者が提案することが必要な場合もあります。

解説「幼児の保育における『参画のはしご』」[51]で述べたように、保育者の提案から生まれる場合であっても、おとなが何をやるか大枠を提案して、子どもの意見を取り入れながら進める場合（**5の段階**）、テーマや具体的な内容・方法を子どもたちといっしょに決めていく場合（**6の段階**）もあるでしょう。5歳児の後半には、子ども企画によるちょっとした誕生会や子ども劇場などが即興的に行われ、保育者も招待されたりするプロジェクト（**7の段階**）が生じることもあります。

子どもたちのやりたいことや意見が尊重され、子どもたちがプロジェクト活動の計画に主体的にかかわっていくことによって、子どもたちには思考力や組織力だけでなく、自信や自己肯定感が育っていくでしょう。

[50] 工藤康晃（愛知・くまのまえ保育園）「異年齢保育で育てたい子どもの力とは」（2013年度愛知県小規模保育所連合会実践交流会資料）より。この園には1〜5歳児の異年齢の部屋が4つ（あんず、ゆず、やまもも、かりん）ある。

[51] 本書29頁参照。

3）保育者も子どもといっしょに楽しむプロジェクト・協同的活動

プロジェクト活動は、保育者もワクワクドキドキしながら進んでいきます。その際、どのような配慮が必要か考えてみましょう。

①……子どもたちの興味・関心・疑問の発展の可能性を予測する

プロジェクト活動では、本当に子どもたちの興味・関心・思いに寄り添っているかが大事です。プロジェクト先にありきではなく、子どもの生活・あそびの中から立ち上がった、子どもにとって魅力的で意味のあるものでなければなりません。保育者には、子どもたちの声を聴き、子どもたちが問題や疑問を発見し探究する方法を援助する役割があります。

行事も、子どもたちにとって、やってみたい、取り組んでいて楽しい、魅力のある、意味のある活動かどうか、それが子どもたちの要求となっているかということが重要です。

そして、そうなるためには、子どもたちの発達や興味にあったもので、できるようになりたい、やりたい、楽しいと思え、工夫の余地のある、発展性のある教材や環境を提供することが大事でしょう。5歳児クラスであっても、ごっこ的にあそびを楽しむところからはじめ、その楽しさを味わってから、自覚的に自分で目標を立てて課題として取り組むという方法もあってよいのではないでしょうか。

たとえば、リレーのやり方をまったく教えず、子どもたちが楽しみながら、何か問題が起きたらその時点でチームの人数やメンバー、走る順番を考えていくというやり方もあります。[52] 最初は、2チームの人数が違っていて、負けてからそのことに気づいたりします。保育者が先まわりして問題を提起したり、ルールや解決策を教えたりするのではなく、困ったと感じたり、どうしたらいいかと考えたりする主体はあくまで子どもたちです。

子どもたちの発案・提案がたくさん出た場合どれを取り上げるのか、どの方向に発展していく可能性があるのか、どこまでおとなが黙ってみてい

[52] 瀬高郁子「教材としての行事」『現代と保育』68号、ひとなる書房、2007年、参照。

てよいのか、どこで口を出してよいのか悩むこともあるでしょう。レッジョ・エミリアの保育では、あらかじめ一般的な教育目標は立てておきますが、個々のプロジェクトや活動に対しては特定のねらいを定めておきません。「具体的なねらいの代わりに、教師は、子どもや子どもの過去の経験に関する知識を基礎として起こりそうな仮説を組み立てておき、この仮説にそって、子どものニーズや興味に柔軟に適応できるねらいを定める」[53]のです。

　ですから、プロジェクト活動をはじめる前に、保育者は子どもたちの興味や関心、子どもたちが思いつきそうなこと、考えそうな方向性などを十分考え、プロジェクトの展開しそうな可能性・方向性を何パターンか予想しておくことが重要です。そして、担任一人で判断するのではなく、複数の保育者で子どもたちを見ながらいっしょに考えていくことが重要です。また、幼児の場合、完全に計画を立ててから実行するというのではなく、やりながら計画を立てる、やってみて、作ってみて考えるという、思考と行為の行き来、失敗する経験や試行錯誤も保障することが大事でしょう。

②……**小グループの活動によって個々の子どもの参加を保障する**

　プロジェクトの作業は、個人やグループごとに活動を進めることが多いですが、人数のめやすとしては4～6人の小グループが適切でしょう。レッジョ・エミリアの保育でも、「それ以上の人数になると、子どもは焦点を定められなくなり、深いレベルで自分の心を働かすことが出来なくなる」[54]と言われています。そして、「興味を示さない子どもには、おだてて参加させるようなことはしないこと。プロジェクトにおいて、子どもが興味を抱くようなことができるような、あるいは、他の子どもの作業を観察することによって学べるような構成要素を見つけること」[55]が重要です。そうして、子どもの関心が高まり、気に入った活動が見つけられたときに、あとから参加できるようにしておく必要があります。

③……**途中経過をふり返り、体験・学びを共有する**

　それぞれのグループや個人で行ったことは全体で交流することで、お互いに共有され、刺激されます。その際、やったり見たりしたことの写真や

[53] カルリーナ・リナルディ「ドキュメンテーションから構成されるカリキュラム――プロジェッタツィオーネ」前掲『子どもたちの100の言葉』169～170頁。

[54] キャロリン・エドワーズ／レーラ・ガンディーニ／ジョージ・フォアマン「結論＝最後の省察」前掲『子どもたちの100の言葉』456頁。

[55] 同上、461～462頁。

絵、ビデオなどのドキュメンテーションを見たり、これから作るものの設計図を書いたり、ミニチュアを作るなど目に見える形で示し、見通しをもてるようにしていく必要があります。また、活動をふり返りながら、認識を深めたり、保育者が質問をしたり子ども同士話し合うことによって、疑問・問題を発展させ、次の活動を計画したり、視点を変えてみたりすることが重要です。ここでも、保育者は、子どもたちの話に耳を傾け、発言を書き留めたり話し合いの内容を掲示したりして、子どもたちの考えていることに心から強い関心を抱いていることを子どもたちに知らせることが大切です。

④……子どもたち自身が目標を決めて計画し運営する

　プロジェクト活動がクラス全体で取り組む協同的活動になっていくときや、その節目やしめくくりとしての行事や発表会等を計画する際には、クラス集団として、どのような目標や内容を決めるかが重要です。5歳児の協同的活動の特徴は、目標や何をするかを自分たちで決めることができるという点にあります。探究的・創造的活動では「○○を探す」「○○を調べる」「○○を作る」というような目標をみんなで確認し、そのためにどうしたらよいか話し合っていきます。恒例の行事であれば、5歳児では、どんな会にしたいか、これまでの経験にもとづいて、子どもたちといっしょに行事全体の目標を考えることができるようになっていきます。「がんばってできるようになったことを見せたい」「かっこいいところを見てもらいたい」「思いっきり楽しみたい」「他のクラスの友だちを招待して楽しませたい」「力を合わせてがんばりたい」などの願いが目標につながります。

　協同的活動では、全員が同じことをするとはかぎりませんので、クラス全体の目標と個々人やグループの目標とがある場合があります。いずれにしても、どういうことを目標とするか（価値）、自分たちで話し合って納得して目標を設定したかどうかということが大事です。そして、その目標を達成するためにどうすればよいか、見通しや計画をもって取り組んだり、最初から最後まで責任をもって運営し、一つの目標が達成できたら、次は○○をやろうと、達成したい目標自体がより創造的なものへと発展していくことが大事でしょう。

⑤……保護者や地域の人々の力を借りる

　活動内容を載せたおたよりやドキュメンテーションを通して、保護者も子どもたちのやっている活動を知ることができ、協力したりいっしょに楽しんだりすることができます。保護者が家庭での子どもの様子から、子どもの考えていることや感じていることを保育者に伝えてくれることによって、子ども理解が深まります。また、農家の方に野菜の育て方を教えてもらったり、魚屋さんに魚をさばいてもらって調理されるまでのプロセスを知ったりすることもあります。疑問や問題を解決するため、あるいは園外の地域の人々のために、地域に出かけて行ったり、専門家などに園に来てもらったりして、交流します。園外での体験や地域社会との交流へと活動を広げ、地域の人々や専門家との連携も積極的につくっていくことで、豊かな活動に発展していくことでしょう。

⑥……おとなも子どももいっしょに成果をふり返る

　プロジェクト活動のまとめは、展示や表現のイベント・行事や、言葉や絵画などによる報告会やふり返りで終わることになります。子どもたちはそれをまわりの人々に見てもらって、感想を言ってもらったり批評してもらったり感謝されたりしながら、自分たちのやったことに満足感を得ていきます。保育者の省察・評価としては、子どもたちや集団に育ったものは何か、個々の子どもたちはどのように変化したか、保育者は何を学んだか、改善点や課題は何かなど、ドキュメンテーションを通して多くの保育者の目から省察し、次の活動に生かしていきます。

2 ポイント② 「参画」の質を決定づける「話し合い」の質を高める

1）多様なタイプの話し合い

　子どもたちが参画するプロジェクト・協同的活動を展開していくためには、本音を出し合える話し合いや相談ができることが基本です。相談・話し合いには、以下のように、必ずしも何かを決めなくてはならない話し合いだけではなく、おしゃべりや考えを出し合うような話し合いもあります。

Ⓐ 夢やイメージをふくらませる話し合いやおしゃべり
　5歳児クラスになってやりたいことやお泊まり会でやりたいこと、園や家庭で経験した楽しかったこと、最近のニュースで気になったことや思っていること、ちょっとした疑問などを自由に話し合う、おしゃべり・雑談があります。

Ⓑ 活動を計画・実行するうえで何かを決める話し合い
　たとえば、グループの名前や、運動会のTシャツを何色にするかなど、単発的であったり、ある程度限定された内容での話し合いと、どのような運動会にしたいかや、キャンプで何をしたいかなど、行事の目標や内容を決める、継続的な取り組みのなかでの話し合いがあります。

Ⓒ トラブル・問題が起こった際の共通理解と問題解決のための話し合い
　集団での活動のなかでのトラブル・問題と、個人的な友だちとのかかわりのなかでのトラブル・問題があります。どうして問題が起こったのか、そのときの相手の気持ちを理解し合いながら、どうしたらよいか考え合います。[56]

[56] 第Ⅱ部で紹介する「おばけめいろ」のプロジェクト活動のなかでのケンカ（95～96頁）を参照。

Ⓓ 科学的な疑問などについてみんなで考える話し合い

どうして氷やつららができるのかとか、この球根からどんな花が咲くかというような、科学的な疑問に対して、予想や仮説を話し合うなどの場面があります。一つの結論が出なくてもよく、実際どうなるか実験したり観察したりする活動につながっていくことが多いでしょう。

これらの話し合いは、全員が集まる改まった場でなされるだけではなく、あそびの中で、問題や疑問が生じたその場で、あるいは、おやつを食べながらリラックスしている時など、いろいろな場面で行われます。また、グループごとに相談したり個別に保育者と何人かの子どもが話をする場合もあります。

Ⓐの話し合いは、5歳児では、数ヵ月先の予定や社会の出来事などに、見通しや視野を広げて話し合っていくことができます。何かひとつに決めなくてもよく、子どもたちは気楽に話すことができますし、話題や情報、イメージなどを共有することができます。保育者は、そのなかから子どもたちの興味・関心・要求をつかんで協同的活動につなげていくこともありますし、そこからプロジェクトのアイデアが生まれてくることもあります。

ⒶやⒷの話し合いを通して、子どもたちがやりたいことが実現されるという体験をすることによって、また考えて言ってみようという雰囲気ができていきます。

Ⓑ、Ⓒの話し合いでは、4歳児までに保育者がていねいに子どもたちの思いを聴き取り、お互いの思いを伝え合って認め合ってきた土台のうえに、友だちの複雑な気持ちも推察したり、共感したりできるようになってきます。保育者がモデルを示すことによって、次第に子どもたちだけで司会をしたり解決したりできるようになっていきます。やりたいことのイメージがよりはっきりしてきて、作戦を立てることがおもしろくなってくる5歳児では、生活上のトラブルだけでなく、あそびや探究的な協同的活動上での問題を解決するために、知恵を出し合うようになります。

Ⓓの話し合いも、因果関係により関心をもつようになる5歳児にとっては、探究的な学びにつながり、ワクワクして楽しいものになります。疑問をもったり変化に気づいたりするような保育者の問いかけや環境設定が必要となってくるでしょう。

状況に応じて、多様なタイプの話し合いを織り交ぜながら、子どもたちの参画をつくりだしていきましょう。

2）話し合いにおける配慮と工夫

5歳児は、かなり言葉で話せるようになってきますが、しゃべっているほどにはわかっていないこともあり、集団での話し合いにおいては保育者の援助がまだまだ必要です。どのような話し合いにおいても、第2章で3つの課題のうち1つとして取り上げた子どもの声が聴き取られ大切にされる保育者−子ども関係にもとづいて、次のような配慮や工夫が必要でしょう。

①……何を考え話したらよいか、はっきりしている

子どもたちにとっては、何を話し合えばよいのかわかりにくかったり、話し合いをしている途中で横道にそれたりして何について話し合っているのかわからなくなってしまう場合もあります。子どもたちにイメージがわき、何を考え話したらよいのかがわかりやすい問いかけをすることや、子どもたちが自分たちで話し合い決められる内容・条件を限定することが大事です。

とくに、具体的に何かを決める必要がある場合は、子どもの力に応じて選択肢を出したり、範囲を限定したりすることも必要でしょう。たとえば、子どもたちの興味や関心がバラバラな段階で制限なしにグループの名前を何にするかを話し合わせても、一つにまとまりにくいものです。比較的共通体験のある生き物の中からとか、絵本の登場人物からなど、範囲を限定することで合意できるものが提案され考えやすくなります。

問題が複雑になっている場合、その問題を整理して子どもの前に提示することも必要です。また、わざと子どもの考え方と対立する意見や行動を示し、対比させて考えさせ、どちらがよいのかを追究する意欲を高めるというやり方もあるでしょう。

活動の目標を決めるにあたっては、子どもたちが体験を通してある程度

[57] 神田英雄さんは「五歳といえども、一つひとつの判断を全体との関係で総合することは、まだむずかしい」ので、「発言はするけれど、話し合いの目的と外れて、直前の発言やまったくちがった文脈からの発言が出て、話し合いがまとまらなくなってしまうことがあります」と述べています（前掲『3歳から6歳』169頁）。

[58] 海卓子『幼児の生活と教育』（フレーベル館、1965年）にも、そのような話し合いの実践がみられます（勅使千鶴・他編著『「知的な育ち」を形成する保育実践』新読書社、2013年、41〜42、56〜64頁）。

イメージや興味がもてていることが前提となります。たとえば、「どんな春まつりにしたい？」と言われて、類似の体験や前年度の体験を思い起こして、「かっこよくみせたい」とか、「また力を合わせればできるんじゃない？」というような意見を言えるようになってきます。「力を合わせて」という言葉も子どもたちはよく使うようになりますが、具体的にどうすることなのか、イメージがもてているか、表面的に言葉を使っているだけになっていないか、配慮する必要があります。

②……**話し合うことが要求になっている**

　話し合うこと自体が子どもたちの要求となっているかは重要です。たとえば、リレーでのトラブルについての話し合いなどでは、保育者の思いとは裏腹に、子どもたちが砂いじりをしたりして話を聞いておらず、話し合いに参加していないことがよくみられます。話し合いが成立するときとの違いはなんでしょうか。チームの仲間意識があり、チームとして勝ちたいという目標が共有されていることが大事です。そのためには、保育者の思いだけで、足の速さなどを考慮してチームのメンバーを決めてしまうのではなく、子どもたちにどんなメンバーでチームをつくりたいか聴きながら、チームを意識させることや、ケンカやトラブルが起こったのは何が問題だったのか、保育者が一方的に指摘するのではなく、子どもたちに考えさせ、気づかせることが重要です。困ったことになっているから話し合って解決したい、みんなでやりたいことがあるから相談したい、という思いが、子どもたちのなかに生まれること、そんな子どもたち自身の話し合いの要求をとらえることが基本でしょう。

③……**イメージができるように、図像化・視覚化する**

　子どもたちが考えているイメージを絵に表現させ、イメージ図、設計図、予想図などを描いてもらったり、粘土などでイメージしているものを作ってもらったりすることによって、お互いの考えていることがわかり、共有しやすくなります。[59]グループやチームのメンバーや走る順番などを決めるときには、ホワイトボードに名前を貼って動かしたり表にしたり、ス

[59] 生成発展カリキュラムが発展していくときは、「表現する仲間関係」、つまり、「子どもたちが考え、思い描いている『内言』の世界を、描画や図版に表現し、仲間と共有しあう関係」が重要な意味をもち、「子どもが考えていること（内言）を図や絵に表現していく『図像化』の作業を挟み込みながら、幼児後期の協同的活動」は展開していくといいます（加藤繁美、前掲『対話的保育カリキュラム　下』265頁）。

ケジュールを考えるときは計画表を貼ったりすることによって、客観的に全体を見ることができ、わかりやすくなります。

また、活動したことを写真に撮って貼ったり、印象に残ったことを絵に描いてもらって貼ったりすること（ドキュメンテーション）で、情報の共有ができ、ふり返ったり、アイデアを思いつくきっかけになったりします。

④……**考えてもわからないときは、やってみてから考える**

考えていても実際にどうなるかわからないときがあります。そのようなときは、やってみてから考えることも必要です。第Ⅱ部に載せたように、お昼寝なしで生活するとどうなるかやってみるとか、3、4歳児を招待する行事で、5歳児が3、4歳児になってロールプレイしてみることで、小さい年齢の子どもたちにあった声のかけ方などに気づいていくといった実践があります。また、プロジェクト活動は、常に仮説を立ててやってみて

考えるというサイクルで進みます。最初から保育者が教えたり指示したりしてしまうのではなく、子どもたち自身が試行錯誤しながら考え話し合っていくことが大事です。また、その際、漫然とやってみるのではなく、やってみて、何をふり返るのか、その視点について子どもたちが意識できているか配慮する必要があるでしょう。

⑤……個別での話し合いと集団全体での話し合い

　表現が苦手な子どもにとっては、保育者との対話や小グループでの話し合いでは、安心して話ができても、集団全体での話し合いでは発言できない場合もあります。個別や少人数での話し合いをしてからクラス全体での話し合いをしたり、全体でおおまかな計画を立て、小グループに分かれて具体的な計画を検討していくなど、両者の使い分けが必要でしょう。どのように話してよいかわからない子どもは、集団全体でうまく表現できる子どもの発言を聞いて、小グループで同じように言ってみようとするような姿もみられます。

　また、1回の話し合いで決まらないときは、無理に決めずに、次回継続的に話し合うことも大事でしょう。改まって「話し合いの時間」を設定すると子どもたちが緊張してしまうようなときは、おやつを食べながら話したり、あそびや散歩の中でつぶやいた言葉を保育者が覚えておいて、全体の話し合いのときにそのことを話題にしてみるなどの工夫が必要です。

⑥……子どもたちが司会・リーダーとなって話し合いを進めていく

　5歳児では、朝の会やグループやクラスでの話し合いのときに、子どもが司会役を担うこともできるようになってきます。朝の会などでは、決まった内容や順番を全体で確認しておいたり、その内容を掲示しておいたりすることによって、日直や当番が進行できるようになります。また、話し合いに慣れてくると、「〇〇がいい人！」などと子どもが仕切りはじめたりします。その際も、一部の子どもの意見だけではなく、全員の意見を聞いてみんなが納得して決めることができるように配慮しましょう。

3 ポイント③ 保育者の同僚性と記録を土台に保育実践をデザインし合う

1）多職種の職員による子どもの観察・記録・話し合い

　以上述べてきたような保育は、担任保育者一人で計画し、進めていくことはできません。職場によって構成は異なりますが、早朝・延長保育の時間の保育者、休憩対応の保育者、行事にかかわる同僚、園長、主任、給食室の職員、臨時職員、看護師や用務員など、多職種の多くのおとなの目で子どもたちを見守り、対話し、子どもの声を聴き、子どもたちの要求を実現していくような保育が求められています。また、保護者や地域の人々ともつながり、子どもたちのことをいっしょに理解していき、いろいろな人の力を借りながらいっしょに保育をつくっていく必要があります。

　担任保育者は思いが強すぎて、ついついあせって、「5歳児なのだから、言葉で表現してほしい」とか、「自分のことばかり主張するのではなく、友だちの気持ちも考えてほしい」などの理想の子ども像に近づくことを一方的に求めてしまったり、そのようになっていない子どもの姿とのギャップに悩んだりしがちです。子どもも、保育者が提起したことやその意図をくみ取って、本音を出さずに一生懸命やろうとするので、子どもをがんばらせすぎてしまうことがあります。また、5歳になると、おとなにすぐに助けを求めずに自分でなんとかしようとしたり、おとなに秘密をもって行動しようとしたりするようにもなります。そのようなときにこそ、担任以外の職員も、多様な角度から子どもを観察し、子どもに声をかけ、子どもの声を聴き取り、子どもを理解し、保育実践をともにデザイン⁶⁰していかなければなりません。

❻⓪ ここで言う「デザイン」は、設計・立案という意味で、「計画」（プランニング）よりも、子どもたちの状況や反応に応じて柔軟に実践を創造・展開していくということを意味しています。最初のおおまかな計画から、子どもたちとの対話を通して、修正したり具体化したりする、即興性、直感性が求められます。

その際に重要になってくるのは、子どものつぶやき・発言や行動を記録にとり、子どもたちのやっていたことから、子どもたちの要求をとらえ、今後興味をもちそうなことや、活動の発展方向を推察していくことです。記録することで、意識的に子どもを見ることができるようになり、実践をふり返ることができるようになります。また、その記録をもとに職員の研修・学習会を通して、子どもたちの葛藤に共感したり、それまで気づかなかった一面を発見したりし、子どもの見方や保育観を深めていくことです。記録には、その日の出来事を記録した保育日誌や写真等を含めたドキュメンテーション、印象に残った場面についての数行だけのメモ（あとは討論の中で子どもの姿等を語り話し合っていく）、気になった一コマの場面記録、期ごとや一年間の実践と子どもたちの変化をまとめた実践記録など、いろいろな種類があります。実践記録を検討するねらいや職場集団の特徴によっても、どのような記録方法がよいのかは違ってきます。いずれにせよ、記録にもとづいて保育者たちが自分のこととしてその実践をとらえて討論し合うなかでこそ、「子どもとつくる」保育がデザインされ保障されると考えられます。

　記録にもとづく話し合いでは、「気になること」や「うまくできなかったこと」を話題にすることも必要ですが、すてきだなと思った子どものつぶやきや行動、熱中していること、うまくいったこと、保育者自身が楽しかったことなども出し合って、子どもを肯定的にとらえ、子どもの強みに依拠して活動を発展させていくことが重要でしょう。ベテラン保育者が若い保育者に、それまで園で培ってきた保育の文化を伝えていくことも必要ですが、一方で、若い保育者の豊かな発想やセンスに学ばされることもあります（**資料1**）。

　もちろんいつもいつも、こんなふうにしたらうまくいった、という記録ばかり書けるわけではありません。しかし、常に記録をもとに話し合い、意識的に保育していると、いざというときに、ひらめいたり、臨機応変に子どもたちに働きかけることができるようになります。〈考察・ふり返り〉は、一人では十分書けない場合もありますので、職場で話し合って、記録から学び合い、深めていくことが大事でしょう。そのことによって、記録の〈タイトル〉も、主張やポイントがよりはっきりしたものに変更されていきます。「記録」は、最初から完成されたものが提出されなくてもよく、

資料1

保育実践（エピソード）　　　　　　　　　　　　　下手1保育園

平成26年度　　8月21日（木）　　　　　　　　記録者（〇〇〇〇）

（あお）組　　子どもの名前（H・Rさん）　　月齢（5歳5か月）

〈タイトル〉
「みんなであそぶってたのしいな!!」

〈背景〉
3月生まれでクラスの中で1番遅い生まれのR子。いつも笑顔でお友だちにも自分から関わろうとする頑張りやさん。しかし、周りの様子を見てばかりで自分の思いを言えているか不安もあった。何にでも自分からやってみようとすることが多いが水は苦手でいまいちプールあそびを楽しめないでいた。その様子を見てR子がプールあそびを楽しみ、自信をつけてほしいと思った。そこで青組の課題（カラーボックスくぐりなど）にとらわれすぎず、集団で楽しめるものを取り入れていった。

〈エピソード〉
ワニ泳ぎをする時は「ワニさんに変身！」、イルカジャンプをする時は「イルカさんに変身！」など声を出しながらなりきってあそんでいた。R子は「怖い気持ち」はあるものの嬉しそうに変身していた。しかし、伏し浮きをしようとすると苦笑いのR子。① その姿を見て、"後ろ向きなら怖くないかな？" "歌を歌って楽しい雰囲気作りをしたらどうかな？"と思った。そこで子どもたちがチューリップの花びらになりきり、グループごとに丸くなってチューリップのうたをうたった。そして後ろ向きにたおれ浮いた。　※クラス全員で
② R子・クラスの子："大きいたー、大きいたー…どの花みてもきれいだな"
R子は笑顔だが、少し不安なように思える。そのため少しでも不安を和らげたいと思い、R子の後ろに保育士は移動した。③
R子・クラスの子："ザブーン！"（後ろ向きにたおれ、浮く）
保育士："R子ちゃん、おいでー！"
R子：たまたま上手く浮くことが出来、おどろいていた。少したち、にこっと嬉しそうに笑った。
保育士："R子ちゃん、すごいね。たのしいね！"
R子："R子ちゃん、デキタ！モウイッカイ！"

〈考察〉
①頑張ってふしうきに挑戦しようとするが、不安だという気持ちが伝わってきた。そのため、少しでもR子の気持ちを軽くしたい（気持ちを受けいれてあげたい）と思い、③の行動をとった。子どもたちの不安な気持ちを読み取り、配慮する大切さを感じた。また、②のようにクラス全員でうたうことで、楽しい雰囲気の中であそぶことが出来た。友だちの姿を見て "自分もやってみよう" "出来るかもしれない" と前向きな気持ちを引き出せた。集団の力を感じた。

　このエピソード記録は、子どもたちが楽しんで主体的に取り組む「からだづくり」の実践事例を岩倉市（愛知県）全体で集めようとしていたとき、就職2年目の保育者が出してくれたものです。子どもたちの表情や雰囲気と、保育者がなぜそうしようと思ったのか、どう援助したのかが具体的に書き込まれています。このような活動から、子どもたちの小グループによるシンクロナイズドスイミングやダンスの創作・発表というプロジェクト活動に発展していく可能性もあります。職員同士で「この実践すてきだね」と受け止めていたら、別の若い保育者が、「伏し浮きって上を向いて浮くものだと思っていた〜」と大笑いながら話してくれました。"知らない" ということや、"失敗した" ことなども、恥ずかしがらずに出していける職員集団があるからこそ大胆に奇抜な発想で保育をつくっていけるのだと思います。

同僚の中で、事実を聴き込み、子どもたちや保育者に共感し合い、そのよさを考え合うなかで、記録が追加・修正されていくのです。

職員間でなんでも安心して言い合える雰囲気をつくりながら、お互いの保育を否定せず、その思いに共感し合い、子どものとらえ方や、学び合うべき点などについて職員間で討論し共有し、保育実践に生かしていきましょう。そして、プロジェクト活動が発展していくと、園外の多様な人の知恵と力を借りる必要がでてきます。このような同僚性をもとに、困ったときに助けてもらえるネットワークをつくっておくことが大事でしょう。

2）1年間の集団の発展の見通しをもって

先に述べたように、5歳児クラスの担任は、子どもたちの就学を控えて自分の保育に不安やあせりを感じやすい状況にあります。担任保育者がプレッシャーを感じることなく、安心して子どもたちと生活していけるためのもう1つのポイントは、1年間のある程度の見通しをもつことです。

5歳児クラス担任のなかには、5歳児の理想とする集団の姿として、それぞれに思い描く像があると思いますが、その多くは4月の段階ではまだまだこれから向かっていく目標ではないでしょうか。秋をすぎてからぐんと子どもたち一人ひとり、そして集団としての成長が感じられるようになることもよくあります。あせらず、保育実践を積み重ねていきましょう。

集団の発展は次のような視点からみることができます。[61]

❶ **集団の文化性**──集団での楽しい充実した体験、活動のおもしろさ、活動の見通し、目的意識性、活動意欲
❷ **組織性**──話し合い、提案・計画性、役割分担、協力
❸ **集団で共有している価値**──認め合い、合意、価値観や世論の高まり

年度の前半には、とくに❶の集団活動の楽しさ・おもしろさを体験することが大事でしょう。組織性や価値観は、子どもたちのやりたいことや楽しい活動と切り離して、保育者が導入しようとしても、身につくものではあ

[61] 石川正和「子どもの実態と保育実践の構造」全国保育問題研究協議会編『乳幼児の集団づくり』（新読書社、1988年、213頁）、上野真理子・神田英雄、前掲『幼児のあそび実践シリーズ第3巻』（219頁）などを参考にしました。

りません。一般的な発達段階にとらわれて"5歳児にふさわしい活動とは？"と考えたり、目の前の子どもたちをみて"5歳児なのにこんな幼い活動でいいの？"などと思ったりせずに、子どもたちが本当にやりたがる活動を援助していきましょう。

> **実践　ある5歳児クラスの1年の見通し**
>
> 　Ⅰ期（4・5月）：5歳児クラスでやりたいことを出し合いながら、大きくなった喜びを感じられる楽しい活動に重点をおく。
>
> 　散歩先やあそびの内容を子どもたちと相談して決めていく。生活の側面においても、自分たちでできるしごとに取り組み、興味や意欲を大切にしながら、ゆっくり慣れていく。ついはめをはずしてしまうこともあるが、そのときのお互いの気持ちに共感しながら、どうすればよいか考えていく。自分が仲間にどう思われているか不安に思っていたり、自分の思っていることをはっきり言えなかったりする子どももいるが、安心して話せる雰囲気をつくっていく。
>
> 　Ⅱ期（6〜8月）：キャンプに向けてやりたいことを話し合い、グループごとやグループの中で役割を分担するような組織的活動を入れていく。
>
> 　いっしょに宿泊することによって、子どもたちの関係が一段と深まる。プールではみんなで楽しみがんばった気持ちを共有できる。4つあるグループで2グループずつ2チームに分かれて、プールでのワニ泳ぎリレー対決やひき車リレー対決、宝探し対決など、作戦を立てたり力を合わせたりすることを楽しむ。
>
> 　Ⅲ期（9〜12月）：運動会に向けて、クラスの目標を共有し、グループで相談したり、教え合ったり励まし合ったりしながら子ども同士のつながりが深まっていく。
>
> 　あそびでも、2チーム対抗（1チーム12人くらい）の「王様かいせんドン」で作戦を立てて楽しむ。朝の会の司会も全部子どもたちがやったり、さつまいもを収穫して料理して園のみんなにふるまうパーティーをつくったりしていくなかで、園全体に子どもたちの目が向き、自分たちでやりたい気持ちが高まり、当番のしごとを少しずつ増やしていく。
>
> 　Ⅳ期（1〜3月）：グループを単位に相談し劇づくりをするなかで、より本物らしく見せようと工夫したり、お互いの意見に耳を傾けながら全員で相談して一つのことをつくりあげる喜びを感じる。
>
> 　あそびの中でも、相手の気持ちを察して認め合ったうえでのかかわりが見られるようになる。自分たちで考えたオリジナルのあそび「だるまさんがへんちこちん」（「だるまさんがころんだ」の変形バージョンで、「だるまさんが片足上げた」「だるまさんが空を見た」「だるまさん○○○ずわりした」など、言われたポーズをとって止まるもの）や、自分たちで企画したダンスショーなどを楽しむ。
>
> （富田靖子・愛知・こすもす保育園「2013年度活動計画表かぶらぐみ」、および実践記録等から筆者（山本）が作成）

第Ⅱ部に掲載した実践が示しているように、自分が興味をもっていることに友だちが参加したり援助したりしてくれた、みんなで活動して楽しかったという体験から、子どもたちは次第により組織的な活動におもしろさを見出し、そのような協同的活動への参画を望むようになっていきます。そして、協同的・組織的な活動での話し合い－実行を通して、意見がぶつかり合ったり、お互いの思いを理解し合ったりしながら、認め合う関係や共通の価値観が形成されていきます。子どもたち同士のぶつかり合いをマイナスにとらえる必要はありません。

　年度の中盤あたりから子どもたちは、プロジェクト活動の発展や行事へ向けての取り組みを経験するなかで、協同的活動の達成感や満足感、心地よさを知り、徐々に自分たちで考え決める範囲を広げていくようになるでしょう。そして、年度の終わりごろには、自分たちで考えだしたオリジナルのあそびを楽しむようになったり、自分たちの発想と企画で保育者の手をほとんど借りずにイベントを行ったりし、仲間とあそびや文化を創造し、自分たちで思考し判断する「参画の主体」として育っていくでしょう。

　卒園間際に、ぐんと子どもたちが成長し子ども集団の発展が見られることはよくあります。このような5歳児クラス1年間の見通しについても、前年度の5歳児クラスの記録や5歳児クラス担当経験者からの情報も参考にして、長い目で子どもたちを見つめていきましょう。

　記録にもとづいて対等に討論し、学び合い、育ち合う職場集団＝同僚性を土台にして、保育を子どもたちといっしょにつくっていく園の取り組みを第Ⅲ部に掲載しました。第Ⅱ部の実践の背景にある、保育者の熱い思いと子どもたちの思いのズレのとらえ直し、子どもに学ばされ子どもを再発見していく保育者たち、実践討論と試行錯誤の積み重ねによるプロジェクト活動を中心とした園文化の形成過程などについてふれていますので、参考にしてください。

第Ⅱ部

5歳児クラスの
実践の展開

第1章
子どもの心の動きに合わせて保育をつくる

1 「化石」発見からはじまった探険ごっこ

　散歩先などで偶然発見したものから想像が広がっていき、探険へ発展していくことがあります。のぎく保育園の5歳児クラス（くじら組）17人と男性保育者西村建哉さん（愛称"たけちゃん"、経験7年）がくり広げたそのようなちょっとしたプロジェクト的活動を紹介しましょう。

保育園の概要
のぎく保育園
・所在地：愛知県名古屋市
・運営：社会福祉法人
　　　　熱田福祉会
・定員：産休明け～就学前
　　　　まで90人
・開園時間：7:15～20:15

1）何だこれ？　何の化石だ？

　4月16日、散歩に行って、新幹線の高架下の日陰でちょっと休んでいるとき……

　　れお　　「あ、何だこれ……」と石を発見。
　　ごうた　「あ～！　化石だあ～‼」に"なになに？"とみんなが集まってきて大盛り上がり。
　　西村　　「何の化石だろ～？」
　　たくみ　「きっとこれは恐竜じゃない？」

れお　「このさー、線（石の模様）が骨なのかもしれん……」
まさや「あ！　さっきそれと同じ感じなの見つけた！」
子ども「え〜!!!?」とまさやくんを先頭にみんなついていき、
まさや「ほら！　これ！」（本当に同じような石を発見!!）
子ども「うわあ〜!!!」
れお　「くっつけてみよう！　組み合わさるかもしれん！」
ひろき「よし！　いくぞ！」と全員でまた移動。
あん　「うーん。どうしたらくっつくかなー」
めい　「違うものなのかなー」
こうじ「うーん。ここ（柱）にぶつかって恐竜がぐちゃぐちゃになって、化石
　　　　がバラバラになったと思ったんだけどなー……」
れお　「ってことは、まだ落ちてるかもしれん！」
ごうた「よし！　探すぞ！」とみんなが盛り上がりはじめ……
かおる「あ！　ここにもあった！」
はるお「ねー！　これもじゃない!?」

　と、な〜んの変哲もない石も化石の一部に。「これは目じゃないか……」「いや、しっぽじゃないか……」「お腹じゃないか……」と石をパズルのように当てはめて、みんなで試行錯誤……。休憩したらもう１回氷オニやるはずだったのに、そんなことも忘れて30分間化石発掘に励んだ。

まさや「これは絶対にしまうまの化石だ！」
れお　「違う！　オレのじいちゃんのじいちゃんのじいちゃんの時にいた恐竜
　　　　の化石だ！」

　いろーんな考えが飛び交う中で、「じゃあ帰って図鑑で調べてみよう！」（西村）ということになった。❶

❶ 以下、西村建哉「くじらだより」（2013年度）より抜粋・編集、子どもの名前は変更。

　子どもはただの石を拾っただけなのですが、「化石」という子どものつぶやきを逃さず、「何の化石だろ〜？」と保育者が問い返すことで、子どもたちは、いろいろと想像したり、他の化石を探したりして盛り上がっていきます。

2）保育者のひらめき——絵本の世界とつなげる

ぼくたち・わたしたちって有名人⁉

　この化石探し、思わぬ方向に展開していくことになります。さあ、そろそろ園に戻ろうかというタイミングで……

　　れお　　「（めっちゃニヤニヤしながら）ねー、たけちゃん。今日の夕方のニュースでさー、"のぎく保育園のれおくんたちが、なんと化石を見つけました！"とかって出るかもしれんね」
　　西村　　「本当だねー！　テレビに出たら、くじら組めっちゃ有名人じゃん！」
　　他の子たち「夕方のニュース見な（い）かん！」

そこで、とあることを思いついた西村さん。4歳児クラスの後半から、いつも寝る前に読み聞かせで読んでいる子どもたちに大人気の探険物語『かいぞくポケット』シリーズには、主人公のかいぞくポケットがこの日の子どもたちと同じように、化石を見つける場面が出てきます。そしてその中にテレビ局の名前で「テレビチョモチョモ」というのが出てくるのですが、ここと結びつけてみよう！　とひらめいたのです。

　西村　　「ねーねーもしかしてさー、テレビチョモチョモでやるんじゃない？」
　子ども　「そうかもー！」「それだー！」（お！　食いついてきた！）
　はるお　「ポケットたちも見てるかも！」
　まさや　「オレたち人気者だなー」
　ゆか　　「写真とか上から撮られてるかもしれん！」

と、その時「ブルルルルル……」（そう。神が舞い降りたのです）

　西村　　「ねー、なんか上から音がしない？」

「ブルルルルルん……」（上空にはなんとヘリコプターが飛んでいます）

　西村　　「うわ〜‼　テレビチョモチョモがきたー！！」
　れお　　「本当だ！　オレたちの化石のことを知ってテレビを撮りにきたんだ！」
　　　　　（中略）
　めい　　「今ヘリコプター光ったよ！　写真撮られたかも！」
　ごうた　「今ポン（コックさん）の白い帽子が見えた気がするー！」
　よしき　「あ！　ケンもいたかも！」

　偶然が重なって、ヘリコプターが飛んできたことで、子どもたちのなかで絵本の世界と本物の世界が結びつき、そのイメージを集団で共有し、楽しんでいます。そして帰りの会で、今日の出来事をふり返り、さらに盛り上げ、明日につなげようと、西村さんは話をしました。

『かいぞくポケット 12 かみなりトッケポ』
寺村輝夫 作・永井郁子 絵
あかね書房

西村　「今日さー、化石見つけたり、テレビチョモチョモとかおもしろかったよねー」

今日のことをたくさんふり返って話す子どもたち。

西村　「でさー、みんなにお願いがあるんだけどいい？　今日たけちゃん夜会議なんだわー。だから家に帰るの遅いんだわ。だからさ、今日テレビでテレビチョモチョモやるか見てくれない？」
ただし「あー！　オレたち出るかもしれん!?」
ともみ「あー！　テレビチョモチョモを見つけないとねー！」
ごうた「でも、普通のニュースでやるかもしれんからそこも見てくるわ！」
西村　「あとさー、テレビだけど新聞とかにも載ってるかもしれんから！」
れお　「オレそこ見てくる！」
めい　「ちゃんと見てくるね！」

恐竜の新聞記事を見つけて化石探検散歩へ

　もちろん、翌日の「おはよう会」はそれぞれが「見てきた」というテレビや新聞の話で持ちきり。

西村　「昨日どうだったー？」
はるお「はるおさー、帰りの車の中でニュース見たけどやってなかったよー」
めい　「めい、見るの忘れてたー」
たくみ「オレもー！」
れいな「れいなねー！　新聞見たよー！　あのねー！　卵が写ってたの!!」
ごうた「あ！　昨日卵も落ちてたもんね！」
西村　「たしかに！　それが映ってたのかもね！」
ともみ「ともみはさー、ママのケータイにポケットから化石のメールが来たの!!」
西村　「そうなの!?　なんて来たの!?」
ともみ「……忘れた」
みんな「なんだそれー！」(笑)

そんな中モジモジしているゆかちゃん。じつは家ではりきって調べたらしく、新聞に載っていた恐竜を見つけ、その新聞を保育園に持ってきてくれたのです。言いたいんだろうなー……でもドキドキして恥ずかしいんだろうな。待つか、それとも振ってみるか、と悩んでいた時……

　ただし　「ゆかさー、今日の朝新聞持ってきたじゃん！　それ言ったら？」
　ゆか　　（それを聞いて"えっ！"と驚きの表情とともに保育者を見る）
　西村　　「そうじゃん！　朝何か持ってきてたねー！　どう？　ゆか自分で話す？」
　ゆか　　（首を振って）「たけちゃん話して」（たぶんこわかったんだと思う）
　西村　　「（ゆかちゃんに1つずつ確認をしながら）ゆかさー、昨日テレビとか新聞見な（い）かん！　って思い出して、いろいろ見たんだよねー？　そしたらさ、（新聞を見せて）ジャーン!!」（市内のどこかで恐竜の模型の展示をやっているというような記事）
　れお　　「あ！　恐竜の写真!!」
　こうじ　「あー！　その恐竜、昨日見た化石と同じしましま模様じゃん！」
　他の子どもたち「ほんとだー」
　西村　　「ちょっとさー漢字も多いし、たけちゃんがちょっと読んでみるね！　え〜っとなになに。名古屋市で恐竜の化石発見……ティラノサウルスなど10匹ぐらい見つかる……だって」（話をつくって言う）
　ごうた　「ってことは、あの化石はティラノサウルス!?」
　ひろき　「わからんよー、などだから他の恐竜かもしれんじゃん」
　あん　　「あとの10匹って何なんだろ……」
　西村　　「じゃあさ、他にも化石があるかもしれんじゃん？　他に10匹もあるって言ってたし。だからさー、今度散歩で探しに行こー！　化石探し散歩！」
　子ども　「行くー！」

　またまた、偶然、新聞に恐竜の写真が載っていたのですが、西村さんはこれを化石にひきつけて話をふくらませます。おたよりに恐竜の化石を発見したことを書いていたので、家庭でも協力してくれたのでしょう。子どもたちは、前日のテレビ局の取材の話と新聞の話をつなげて考えることが

でき、さらに「10匹」とか「など」という細かい情報も聞き逃さず、そこから想像をふくらませます。新聞記事の写真を見て、図鑑で恐竜の種類を調べる子どもも出てきました。

　最初の子どもが見つけた「化石」だけでは、イメージがわかない子どももいたかもしれませんが、絵本などで子どもたちが共有しているイメージを想起させるような働きかけで、恐竜→化石の発掘→テレビ局→新聞記事→恐竜、とどんどんイメージがつながって発展していきました。西村さんは、5歳児は"本物志向"だということを意識して、ところどころで子どもたちの身近な現実の世界からのヒントを出しています。そして、西村さん自身がとても楽しんでいることがうかがわれます。

　その後、恐竜そのものを探究するプロジェクトにはなりませんでしたが、イメージを共有した仲間意識や、どんな恐竜だろう、恐竜は何を食べるのだろうという疑問や探究心を刺激していったといえます。お泊まり会では、『かいぞくポケット』の世界で宝探しをして楽しんだそうです。こんなふうに気軽に子どもたちの興味から想像を広げていけるように、子どもたちのなにげない言葉にも耳を傾けていきたいものです。

② どうやったらおもしろい?
──試行錯誤の「おばけめいろ」づくり

2チームに分かれて企画する

　さて、こののぎく保育園の2013年度の5歳児は、年長さんになってやりたいことの一つに「おばけめいろ」がありました。それは、前年度までの5歳児が作って招待してくれて楽しんだ「めいろ」と、「おばけやしき」を合体させたものです。子どもたちは春からずっと「おばけめいろ」をやりたい、ぞう組（3歳児）といるか組（4歳児）を招待したいと言っていて、西村さんは、子どもたちが発案しやりたいということを実現できたらいいなと思っていたそうですが、なかなか取り組む機会がなく、お泊まり会が終わって7月下旬になっていました。

　ちょうどこの時期、朝から妖怪の本を読んでいる子どももおり、このタイミングをのがす手はない、"いまだ！"と感じた西村さん。子どもたちに、そろそろ話し合おうかと呼びかけると、念願の「おばけめいろ」ができるとあって、子どもたちもノリノリ。すぐに具体的な検討がはじまりました。

　ちょうど夏休みモードに入る時期で、長期間の取り組みにすることはむずかしかったこともあり、西村さんが提案して、男の子たちは一つ目小僧や百目小僧、女の子は雪女になることになりました。それぞれ妖怪の本を見てビニール袋などで衣装を作ったり、おばけになったりして楽しんでいます。子どもたちはどうやって驚かせるかに関心があり、隠れる場所やタイミング、表現について話し合っていました。

　お客さんについては、3歳児ぞう組・4歳児いるか組の2クラスを招待するということで、くじら組も4つの生活グループが2グループずついっしょになって、2チームに分かれることにしました。片方のチームがおば

❷『妖怪探検図鑑1・2』村上健司文、天野行雄絵、あかね書房、2013年。

けになっている間、もう片方のチームはクラスにむかえに行っていっしょに迷路を回る、という段取りです。

どう誘うかロールプレイをしてみよう──3歳児を誘いに行くチーム

まずは、3歳児ぞう組を誘いに行き、4歳児いるか組を驚かせるAチームです。

❸ 以下、西村建哉「くじらだより」（2013年7月29日）より抜粋・編集、子どもの名前は変更。

「よしっ！　練習だー！」ということで、2人がくじら組の案内役、残りの6人がぞう組になりきってロールプレイみたいなことをはじめました。
最初にくじら役になったのははるおくん、たくみくんペア。

2人　　「ぞう組さん！　おばけめいろに来て下さい！」
あん　　「そうしたら、ぞう組みんな立っちゃうよー（笑）」。
はるお　「あ、そうか。○○グループさんって呼んだら、いいんだね！」
　　　（中略）

そしたら、ぞう組になりきっているあとの6人が「ね、これ（チケット）はどうしたらいいのー？」「あービリビリって破って投げちゃおっかー！　イエイイエーイ‼」と悪ノリしてしまって、さすがに2人も困っています。

西村　　「もしかしたらこうなるかもしれなかったねー。どうしたらいいんだろ？」
ごうた　「チケットを入れる箱を作ればいいんじゃない？　ちゃんと案内する人が"ここにチケット入れてください"って言えば大丈夫じゃない？」
たくみ　「大事な箱だから触ったらいかんね！」
めい　　「ちゃんとそこも注意の時に言えばいいかもね！」
西村　　「なるほどねー、そう言われたら、ぞう組さんもわかるかもねー」

ということで、もう1回ロールプレイをはじめて、実際におばけめいろがある設定で案内をはじめました。西村がおばけ役で待機していましたが、「ワー‼」と驚かすと、「キャー！」とくじら組でも逃げ回ります。そこに自然に手をつない

でいたまさやくんとごうたくんがいたので、「あー、手つなぐの大事かもねー」とボソッと話したら、れいなが「あ、最初のとこでも"手をつないで下さい！"って話をしたらー？」とひらめき、これにはみんなも「あーなるほど！」となり、どんな言葉を言ったらよいか確認していました。

　実際にどんなふうに驚かすかも相談していて、まさやは「死んだふりして、いきなり襲いかかる！」。そして、机の下に隠れてニヤニヤと待ち受けるのはともみちゃん。ハイハイしながら出てくるから、結構こわかったりします。

誘いに行く順番でケンカ——4歳児を誘いに行くチーム

　一方、4歳児いるか組を誘いに行き、3歳児ぞう組を驚かせるBチームはどうでしょう。

　ひろきくんが「だれといっしょに誘いに行きたいー？」と最初に口を開きました。お、出だし順調そうじゃんと思って見ていると、

　　れお　「もう！　なんで聞いてくれんのだ！」
　　ひろき「ちゃんと話し聞け！」

と、取っ組み合いのケンカに。どうしたのかと理由を聞くと……

　　れお　「オレは一番がいい！　って言ってるのにだれも聞いてくれん！」
　　ただし「でも、そうやって勝手に決めるのは違うってオレたちは言ってるんだわ！」

　床にうずくまるれおくん。そこにすぐ寄り添ったのはよしきくんでした（手をぎゅっとつないで思いを聴き出し、ひろきくんやただしくんの気持ちを伝えていました）。

　　西村　「そっかー、れおは一番最初にむかえに行きたい気持ちがあって、でもそれを勝手に決めてほしくない他の子の気持ちもあったんだね。それでお互いが怒ってケンカになったわけね」

子どもたち（一同、うなずく）
　　　ただし　「でもさー、オレたちもいかんのだわ」と一言。
　　　西村　　「へーなんで？」
　　　ただし　「オレたちもさ、れおが一番がいいばっかり言うから、バカとかうるさ
　　　　　　　いとか、心に傷がつくようなこと言っちゃったからさ。だから、れお
　　　　　　　もあんなに怒ったかもしれん。でも、オレたちも勝手に決めてほしく
　　　　　　　ないことは、れおにもわかってほしい」
　　　ひろき　「オレもれおにさ、バカとか言ったわ。わかってほしかったし」
　　　西村　　「そうだねー、そんな言い方したら、れおだって怒れちゃうかもね。で
　　　　　　　も、ちゃんと勝手に決めるのはやめてほしいっていうのも大事だね。
　　　　　　　今言ったことはれおに伝えたの？」

　すると、それはまだということだったので、Bチームみんなで集まってもう一
度話すことにしました。

　　　ただし　「れおー。怒ってバカとか言ってごめんね。でも、オレたちは勝手に決
　　　　　　　めてほしくなかったんだわ」
　　　ひろき　「うるさいとか、服ひっぱったりしてごめん」
　　　れお　　「かおる、ぶつかってごめん（ひろきとのケンカでかおるにぶつかったの
　　　　　　　で）。一番がいいって勝手に決めてごめん」

　こうして、れおくんもちゃんとみんなに言うことができました（ここ、れおく
んがんばったね!!）。その後は保育者も入り、いるか組をむかえに行く順番を決め
たり、Aチームと同じようにロールプレイをしたりして、協力して取り組んでい
ました。最後はAとBでお互いにお客さん役やむかえ役、おどかし役などに分か
れていっしょに遊びました。

　当日、3、4歳児はおばけが相当こわかったようで、5歳児としっかり
手をつないでいっしょにめいろを回りました。
　多くの子どもたちが春からやりたいと言っていた「おばけめいろ」。これ
までの体験からだいたいのイメージは子どもたちの間で共有されていま
す。そして、自分たちも楽しみながら他のクラスの子どもたちも楽しませ

たいという目標を共有しています。

　3歳児クラスを案内するチームと4歳児クラスを案内するチーム、案内する役とおばけになる役の交替、この分担を決めるときに、保育者がいっしょに子どもたちと話をしていますが、その他はほとんど子どもたちのアイデアで進められていきました。3、4歳のクラスをどのように誘いに行くかも、自分たちでロールプレイをしてリハーサルしてみようとやりはじめました。やってみていろいろなことに気づいてまた考えるように保育者が問いかけたり、工夫している点を言葉にして返したりしています。本気で子どもたちが興味をもってやってみたいと思ったことは、どんどん展開していきます。

　Bチームは、誘いに行く順番でケンカになってしまうのですが、保育者が間に入ってお互いの思いに共感することによって、子どもたちは自ら自分をふり返っています。そして共通の目標に立ち返って活動を続けることができています。「おばけめいろ」への本気と本気がつながっていることを感じます。

　まだまだ、最初は自分自身がおばけになることを楽しんでいた子どもたちでしたが、誘いに行ったり驚かせたりする相手のことを想像しながら準備し、協同して目標を実現することができました。そして、おばけの絵を描いた模造紙をいっしょに壁に貼る共同作業をするようになったりして、役割分担や協力することを少しずつ経験していっています。

column　**5歳児と楽しむアート体験**　　　　　太田絵美子　NPO法人アーキペラゴ

　アート県として有名な香川県。その高松市では、芸術家である「芸術士」が、保育所や幼稚園、こども園で生活をともにしながら、子どもたちの興味や芸術表現をサポートするアートを取り入れた保育が2009年秋よりはじまっています。芸術士は週に1回、年間を通して子どもたちとかかわります。身のまわりのことは、たいてい一人でできるようになりたくましい5歳児。なんでも「やってみたい！」と知的好奇心でいっぱいです。また、友だちや地域の人とのふれあいを五感で感じ、得るものは、子どもの心の基礎をしっかりと作り、かけがえのない宝物になるはずです。そんな5歳児と芸術士がいっしょに過ごした活動の一部をご紹介します。

　芸術士活動から生みだされた作品や日常の活動記録は、街へと飛び出します。子どもたちは地域のまちづくりにも参加します。アートを媒体としたこの芸術士活動が、未来の社会を担っていく子どもたちを豊かに育む力となっていくものと考えています。

1　駅に飾った作品をめぐる高松琴平電気鉄道タイアップ・スタンプラリー「コトデン×コドモテン」（2011年7月）。
2　駅で自分たちのドキュメント（芸術士による記録）を読む。
3　高松中央商店街の自転車通行禁止看板とアナウンスが子ども仕様に。「じてんしゃをおしてくれてありがとう」とかわいく呼びかけます。
4　毎年行われる芸術士活動報告展。

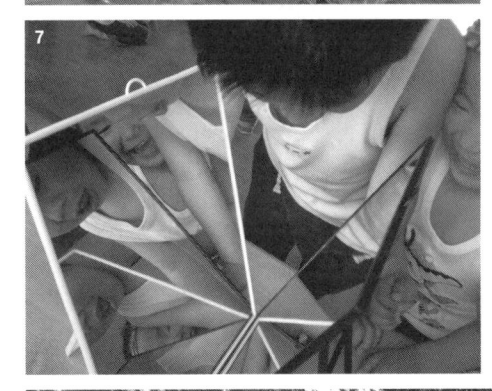

子どもの心の動きに合わせて保育をつくる ●第1章

5 水あそび（高室保育園）

植木鉢から伸びた支柱にからまったホースのいろんな所から水が飛び出てくるよ。
「うゎ～～～！」
「つめたーっ！」
子どもたちは穴から流れる水を観察しています。ろうとがなんと電話に!?　水がいろいろな形になっておもしろいね。

6 エアードーム（林幼稚園）

ビニールを貼り合わせて巨大な袋を作ります。扇風機のスイッチを入れると、少しずつふくらんでいくドーム。子どもたちの歓声もどんどん大きくなって自然と立ち上がってドームを囲みだします。
子どもたちはドームの中へ。黒いビニールのトンネルから入ってくると、上を見上げて目がキラキラ。外からのぞく友だちにタッチしたり、ジャンプしたり、寝転んだり……。

7 鏡の世界（瀬戸内保育所）

鏡を使って大実験！　普段なにげなく使っている鏡だけれど、見る角度によってさまざまに変化して、とても不思議な絵を映し出すことがあるよ。さぁ、たくさんの鏡を使ってどんなあそびができるかな？

8～10 ランドスケープ（田井保育所）

保育所の敷地内にある雑木林。木にナイロンテープを巻きつけながら歩いていくと、だんだんと、まるでクモの巣のような糸の壁ができていきました。子どもたちが活動した場所の跡が大きなかたまりとして視覚化された瞬間です。

　　　　　………

雨が降っても大丈夫なように、レジャーシートの屋根を。
枝と枝をこすり合わせて楽器に。
ナイロンテープを風になびかせてゆらめきを楽しんで。
となりの池を眺めて。

　　　　　………

自分たちの手により形づくられた空間のなかで、みんなそれぞれ自分の居場所を見つけ、思い思いに雑木林を満喫。ふかふかの落ち葉と生い茂った枝葉がつくる日陰にも、子どもたちがつくりだした美しい跡が残っています。

99

第2章
自分たちの生活を自分たちでつくる

1 生活の主人公は子どもたち

1）毎月のカレンダーづくり

　5歳児クラスになると、1ヵ月から数ヵ月先の見通しがなんとなく持てるようになり、みんなでやりたい活動のイメージも、経験したことについては、しっかりもてるようになってきます。そうすると、いつ、何をしたい、というスケジュールについても、自分たちで考えることができるようになってきます。

　こすもす保育園では、3歳児クラスでは、1～3日程度のカレンダーで、明日やる活動を確認していきます。4歳児クラスでは、月曜日にホワイトボードの1週間のカレンダーに、行事の他にやりたいあそびや行きたい散歩先などを子どもたちと話し合って書き込んで、見通しをもって園生活を送れるようにしています。

　5歳児クラスになると、4月に5歳児（かぶら組）でやりたいことを出し合います。出てきたものを模造紙などに保育者が書いておいて、それらをいつやるか子どもたちと相談して、1ヵ月のカレンダーの中に入れていきます。月末までに担任が月案を作成し、保護者におたよりで知らせるの

■■■■ 保育園の概要
こすもす保育園
・所在地：愛知県名古屋市
・運営：社会福祉法人
　　　　新瑞福祉会
・定員：産休明け～就学前
　　　　まで100人
・開園時間：7:00～20:00

で、それにもとづいて毎月1日前後に、子どもたちとカレンダーづくりをします。前月にやったことを確認して、今月にやりたいことをさらに出し合います。そして、行事など、あらかじめ予定が決まっている日以外のあいている日に、何をするか、どこの公園に行くかを話し合っていきます。

5歳ともなると、保育者が計画して「明日、○○公園に行きます」と言うと「エッ〜！」と拒否反応が返ってくることも多いのですが、自分たちで決めたことなら、散歩先で少々疲れても文句を言わずに帰ってきます。また、明日どこの公園に行きたいかの話し合いをすると、それぞれが自己主張をしてもめるのですが、1ヵ月の間のどこかで行けるとわかると、安心して譲れるようです。

1ヵ月のカレンダーといっても、年度はじめはまだ子どもたちにそれほど見通しがしっかりあるわけではなく、カレンダー作成後もとりあえず1週間くらいのことが頭に入っているという子どもが多いようです。しかし、話し合い、計画し、実行していくことの積み重ねのなかで、次第に長い見通しをもてるようになってきます。

子どもたちがやりたいことも、4月には、4歳児クラスのときまでに体験して楽しかったこと（電車やバスに乗ってお出かけしたい、園庭でどろんこをしたい、梅ジュースをつくりたい、など）を中心に、縄跳びや竹馬など前年度の5歳児クラスがやっていてあこがれたこと、そして、園で飼っているカメを連れて散歩に行きたいとか、宇宙一大きなこいのぼりを作りたい、行ったことのない公園に行きたいなど、経験を少し広げるような内容の要求が出ます。

そして5歳児クラスの生活が積み重ねられるにしたがって、そのときブームになっていたあそびを発展させるような内容や、運動会に向けて盛り上がってきた竹馬やリレーをやりたいというような意見が出されます。年度末には、最後の園生活でやりたいことがいろいろと出てきます。もちろん、プロジェクト的活動が発展してくると、継続してその活動が予定されるようになるでしょうし、予定の変更ということもありうるでしょう。

このようなカレンダーづくりを通して子どもたちは、自分が言ったことを友だちも取り入れて考えてくれたり、自分たちで決めたことが実現できた喜びを味わえます。また、その月にできなかったことも、書いて貼って残しておくと、自分の意見も尊重されていると感じられるようです。

保育者のメモ

こすもす保育園は、園庭が狭いので、公園に散歩に行って遊ぶことが多い園です。カレンダーは、絵カードを貼れるようにして、よく行く公園の絵や、遠足の絵カード、月2回のわらべうたの日の絵カード、担任が遅番のときに朝入ってくれる保育者の顔写真のカードなどを用意しています。

実践　ある日のカレンダーづくり

2014年12月4日の朝10時。こすもす保育園の5歳児クラス（担任：松原圭佑さん）では、朝のあつまりで、カレンダーづくりの話し合いをしていました。

松原　「今日はカレンダーづくりをします」
　　　（やりたいことを書いた模造紙を見せる。すでにやったことには○がつけてある）
子ども「ドッチボールもやったよー」
　　　（担任、カレンダーに○をつける）
子ども「しゃぼんだまー、やってない、今日こそやろう」
松原　「今、雨ふってるよ」
子ども「三輪車（屋上に置いてある）もぬれてるし」
松原　「今週の金曜日、おやつにやきいも。やきみかん（やきいものかわりにみかんを入れる）は、作らんでいい？（以前やきみかんを食べたいと言っていた子どもがいたので）。ここにクッキングでいい？　金曜日、あした」（カレンダーにクッキングの絵カードを貼る。「クリスマス会だよ」と言っている子）
松原　「この間、あいがどこか行きたいって言っていたけどどこだったっけ？」
あい　「アスレチック公園」
松原　「散歩に行けるのが8と11と15、24日だよ」
　　　（散歩カードを貼る）
子ども「24はクリスマスイブじゃん。雪ふってる」
子ども「ふってないよ」
松原　（アスレチック公園の写真を見せて）「どこで行く？」
子ども（担任がアスレチック公園の写真を11日に貼ろうとすると）「8がいいな〜」
松原　「8はケイくん（担任のこと）、遅遅の日。△さんが入ってくれる」
　　　（代替保育者の写真を貼る）
松原　「あつし、どこへ行きたい？　みかん山（公園）？」
子ども「みかん山、25、26」
松原　「まっちゃん（フリー保育者）のときにみかん山は、きついかも。まっちゃんのとき、下山（公園）でもOK？」
子ども「いいよー。まっちゃん、友だちだもん」
　　　（担任、19日に下山公園の写真を貼る）

園の行事・誕生会やわらべうたの日（第1・第3水曜日）は、あらかじめカレンダーにカードが貼られています。それ以外の日に何をして遊ぶか、保育者は、「やりたいことリスト」の中から日常の生活の中で子どもたちが言っていたことや、つぶやいていたことを思い出させ、提案につなげています。

12月なので、やりたいことがいろいろ出てきており、1ヵ月の時間認識や季節の認識も進んでいます。子どもたちは公園に行って遊ぶことが大好きで、散歩先を決めることが中心になっていますが、保育者の勤務条件を伝えながら、公園までの距離・時間を考えて、何日だったら行けるか調整しています。

　このクラスは、散歩に出るときに、だれと手をつなぐかでもめて、出発が遅くなり、遠くの公園に行けなくなることがよくあったので、担任が遅遅番でフリー保育者が保育に入るときにはなおさら遠くの公園に行くのはむずかしいということを、子どもたちも自覚しているようです。

　松原　　「くにおくん、こないだ言ってたじゃん。ちびっこひろばに行きたいんだって。24の日だったら行けるかもしれん。ケイくんの日」
　子ども　「24雪ふると思う。寒くなるじゃん。8のほうがいい」
　りき　　「りき、たなべグランドにいきたい」（模造紙に書いてある）
　松原　　「ケイくんもそう思ってた」（24日にたなべグランドの写真を貼る）
　　　　　（中略）
　松原　　「25、26はどうする？」
　子ども　「散歩がいい」
　あい　　「ホールがいい」
　あい　　「寒いもん」
　子ども　「ジャンバー着て、厚着していけば？」
　子ども　「ホールだって寒いよ」
　松原　　「その理由と、じゃあどうしたらいいか言わないと、納得できないよ。最後の日は行けなかったところに行きたいな」
　松原　　「26はどうする？　2014最後のかぶらの日」
　子ども　「プラネタリウム行きたい」
　松原　　「行けるかわからんよ。（と言いながらリストにくわえる）26どうする？」

　プラネタリウムは6月の遠足で行ったのですが、また行きたいという意見が出ています。その月には実現できそうにないことは、却下するのではなく、「やりたいことリスト」につけ加えています。

　子ども　「お散歩行きたいな」
　松原　　「どこに行くか決まっていないけど、おさんぽマークね。こんど相談しよう」（お散歩カードを貼る）

（愛知・こすもす保育園。筆者（山本）による観察、子どもの名前は変更）

2）魅力的で楽しいしごと

　園の中で一番大きい組になったという子どもたちの思いは、園のさまざまな「しごと」への参加も積極的にさせます。飼育や栽培など、今まで5歳児がやっていたしごとを、3月に5歳児が卒園する前になると、4歳児がやり方を教えてもらいながら引き継いでいくことが多いと思います。

グループで取り組むしごと

　こすもす保育園では、園で飼っているカメ（カメ吉）の世話をするのは5歳児のしごとです。エサのやり方や（なぜか）甲羅の磨き方などが代々受け継がれています。4月は、カメ吉のお世話をしたい子どもがやっていますが、みんなが慣れてくると、そのしごとを当番にしていきます。

　2013年度の5歳児クラスかぶら組（23人）は、5月には、担任の富田靖子さん（愛称"オクちゃん"、経験26年）と子どもたちはしごとについて話し合いました。子どもたちがやりたいと言ったしごとは、「カメ吉の世話」の他「ごはんとおやつを配る」「お掃除」「畑の水やり」で、それぞれやりたいしごとを選んでグループをつくりました。このうち、「カメ吉の世話」を選んだ子どもたちの意気込みは、次のようです。❹

❹ 以下、富田靖子「こすもすの保育」（2013年度）各号、他保育記録より抜粋・編集、子どもの名前は変更。

れな	：「いろいろやってみたいけど、カメ吉が一番楽しそう」と、このしごとを選んだれなちゃん。何人かの友だちにも声をかけていっしょに楽しみたかったようです。
まさみ：	「そうじもいいし……」と悩んだようですが、「いっしょに」と誘ってくれる友だちもいて、このしごとがぐーんと楽しみになったとか。このしごとのやり方をくわしく考えてくれています。
きみか：	そうじグループもよかったけど、いっしょにしごとしてみたい友だちがいるから「カメ吉グループではりきってみる!!」と、このグループにやってきました。ワクワクドキドキはりきってやっています。

> りょう：「前、かぶらさん（5歳児クラス）から頼まれた、カメ吉だもんな！」
> と、玉の汗をかきかきお世話をしています。じつは、れなちゃんからも「いっしょにやろー」って誘われたようです。
> けんご：「カメ吉が好きだもん」とどうやらカメ吉と友だちになりたいけんごくん。口達者な女子に仕切られながら、ていねいな仕事をしてます。

　どの子も、5歳児ならではの新しい魅力的なしごとを選んで、はりきっています。必ずしもしごとの内容だけではなく、だれといっしょにするかということも、そのしごとを選ぶ理由になっています。最初は、自分の好きなこと、気に入っていることをいっしょにやりたい友だちとやることで、安心して興味をもって楽しく取り組めるのでしょう。

　そして、いろいろな活動を体験したり感謝されたりするなかで、園全体のために何かしたいという思いがふくらんでくるようです。

しごとを追加していく――各クラスをまわってゴミ集め

　年度後半には、園全体を意識するような行事も経験したことによって、子どもたちが"もっとみんなのために何かやってみたい"と言い出しました。この「みんな」は、園のためにという意味でした。そこで、「今ゴミ集めのおしごとがおとなだけだとちょっと大変で……」という相談を担任の富田さんからもちかけると、子どもたちで話し合いをし、今やっているそうじ当番さんが各部屋のゴミを集めて回ったらいいのでは、という意見が出ました。そして、富田さんが職員会議で相談し、5歳児クラスの子どもたちに任せてみようということになりました。毎年5歳児が行っているしごとだけではなく、子どもたちの要求と必要に応じて、新しいしごとを生み出していくことができます。

友だちの個別事情に配慮する

　富田さんは、グループの中で、どのように分担したり協力したりするのかは、子どもたちにゆだねています。役割を順番にするグループもあれば、毎日決めるグループもあります。おとなから見れば、分担を順番に交替し

て行うとうまくいくように思いがちですが、そうとはかぎりません。子どもは、その日の気分によってやりたいものが違っていることがあるので、意外と毎日役割を決めることでスムーズにいっているグループもあります。

　しかし、グループの中で、困ったことが生じてくることもあります。そうじ当番のグループは、毎回ほうきばかりやりたがる子どもがいて、もめはじめました。そこで、朝の会で話し合いをして、ぞうきんがいやな理由を聴き出すと、じつはぞうきんをうまく絞ることができないからだということがわかってきて、ぞうきんの絞り方を教え合うことで解決しました。一見、さぼっているとか、ずるい、と思われるような行為にも、その子どもなりの理由がひそんでいるので、それをていねいに聴き取り、どうしたらよいかみんなで考えていくことが重要です。

　11月にはごはん当番の中で、次のような場面もありました。

　　ゆくお「あっ、みやこちゃん、みやこちゃんの苦手なしいたけだよー」
　　みやこ「どーしよう!?　小盛りにしてくれない!?」
　　ゆくお「わかった。でも少しは食べないとね」
　　みやこ「うん、わかってるよ。2こか3こはいけると思う」
　　ゆくお「よーし、じゃあ2こにしとくからがんばって食べてね」
　　みやこ「うん、わかった」

　友だちの好き嫌いもわかったうえで励ます子と、苦手なことも友だちに支えられて安心して挑戦していく子。当番活動を通して話し合いを重ね、友だちの困っていることや気持ちを理解していくことによって、集団関係が深まっていきます。

3) 朝の会の司会——みんなに相談したいこと、取り組みの計画などを話し合う

　5歳児になると、朝の会の司会も少しずつ自分たちでできるようになってきます。こすもす保育園の朝の会（2013年度）はこんなふうでした。

9月ごろからは、朝の会の司会も子どもたちが担ってきました。それは、夏のキャンプが大成功して自信をつけた子どもたちから、そろそろ司会も全部自分たちでできる気がするから一度考えさせてほしいと相談され、みんなで話し合いました。そしてやってみようという話になり、やるにあたって、もう一度今までやってきた朝の会の具体的な内容を確認しました。

> ① 今日は、○月○日○曜日
> ② 今日のお休みと薬の確認
> ③ 今日のお当番の確認
> ④ 今日のあそび（活動）の確認
> ⑤ ごはん当番からの今日のメニューの発表
> ⑥ 他に

保育者のメモ
司会は1日交替でグループで担当し、グループ内で分担して、日めくりカレンダーをめくったり、給食室にメニューについて質問に行ったりします。朝の会の内容はホワイトボードに絵カードを貼ったり、絵を描いたりしてわかるようにしてあります。

朝の会でおもしろいのは、⑥の「他に」です。たとえば、次のような相談がありました。

おやつの時間に翌日のいろいろ大切なことを伝えるということをしていたのですが、その時に、明日の朝の会で何かみんなに相談にのってほしいことのある子は保育者まで伝えにくるようにと声をかけると、時々いろんな相談をもって子どもたちが夕方、保育者のところまでやってきました。その中で、これはみんなに聞いてもらったほうがいいと思う内容（保育者の独断ですが）があると、次の日の司会さんと当人とで打ち合わせをして次の日に向かうというふうにしていました。
　本当に、いろんな相談がありましたが、その中でもりょうじくんがもってきたのは「あのね、昨日パパとママがケンカしちゃって、2人が口をきかなくなったんだわね。パパがそれで家出てって少ししたら帰ってきたんだけど、まだ話さなくって……。りょうじは、どうしたらいいと思う!?」ということでした。司会の子たちが「今日帰ったら、ケンカ終わってるかもしれないし。もし終わってなかったら、その時は、みんなで相談のるわ！」ということになり、次の日。まだだめだ……というりょうじくんからみんなに相談。それは、それは、積極的に相談の手があがります。

「オレ、そーゆー時静かにしてる」

「でも、ずっと静かにしてるとつまんないじゃんね。あたしは、パパとママにケンカやめてほしいって言っちゃう」
「オレはさ、パパに『もうママがケンカやめよって言ってるよ』って、ママの気持ち、パパに伝えてあげたことある」
「あたしは、『早くごはん食べたいなー』とか言ってる」

などなど、でるわ！　でるわ！　で、話を聞いていたりょうじくんが「ハーイ、りょうじはね、みんながいっぱい相談にのってくれたからいい考えできたよ。りょうじさ、今日家帰ったら、パパとママに『りょうじも、りかも、なつも（姉妹のこと）みんな、パパとママのこと好きだよ』って言ってみる。それがいいかなーって思えてきた」と言い出し、クラスのみんなも「うん。それいいかも！」って納得。

担任はこっそり今日の出来事をおむかえにきたママに話をすると、ママも「子どもたちに悪いことしたなーって思ってたとこだったの。今日ちゃんと仲直りするね」と言って帰っていきました。もちろん、りょうじくんの家ではケンカは解決。次の日、心配していたクラスの子に「りょうじ、どうなったの？」と聞かれ、「あーっ、やっと終わった！」とほっとした顔で報告してくれたのでした。友だちもみんな「あーっ、よかった！」と、自分のことのように話してくれて、そんな様子に保育者たちもほっとしたり。朝からこんな時間がつくれると、その日は1日中ふわあっとしたいい空気がクラスに流れる感じがあり、生活が楽しくなりました。

　子どもたちは、胸につかえているちょっとしたことやいろいろな相談ごとなどを朝の会で話すことによって、みんなからアイデアをもらったり、励ましてもらったりして、安心して過ごせることにつながっています。
　また、地球温暖化の問題につながっているような事柄や災害などのニュースを聞いて、疑問に思ったことや感じたことなどを話題にすることもあったそうです。子どもたちの関心は地域社会・世界に広がりつつあります。

❷ もっと楽しいクラスになるためのルールづくり
　　──お昼寝しないとどうなる？

「事件」の中に子どもたちのメッセージを読み取る

　４月に年長になってはりきる子どもたち。力を発揮できる魅力的な活動に取り組んでいても、大きくなった自分たちの力を試したい……と、ときどき困った「事件」を起こすことがあります。しかし、そのたびに時間をとって子どもたちといっしょに考え合うことで、それぞれの状況や気持ちへの理解が深まり、自分たちで生活のルールをつくっていくよい機会にもなります。

　こすもす保育園の富田さんも次のように述べています。

　「事件」は、"かぶらになったし、よーしはりきるぞ！"という子どもたちからのメッセージとして受け止めています。だからこそ、子どもたちが起こした事実から、自分たちのこれからをどうしていきたいのか考えるきっかけとして事件を取り上げて、その中で自分たちの生活のルール（もっと楽しいクラスになるための）❺をつくっていけばいいのかなあと思ってやってきました。

❺ 以下、富田靖子「かぶら組Ⅰ期のまとめ」（2013年度）より抜粋・編集、子どもの名前は変更。

お昼寝しないとどうなるかやってみる

　たとえば、５歳児では、午睡をする園としない園とさまざまです。しかし、５歳児になると、子どもたちは大きくなったことを意識し、多少体力がついてきていることもあり、お昼寝に対する抵抗や試し行動も出てくることがあります。案の定、こすもす保育園でも……

　４月、かぶら組がスタートしてまもなく、みずきくんが「かぶらになったか

ら、昼寝はいらないかも」と意見を出しました。「エーッ、それはまだむりでしょう」という子も多く、担任が「じゃあ、どうなったらお昼寝はいらないの!?」ときくと、「昼寝しなくても元気にできる」という子もいました。担任が「元気って？」とたずねると、「夕方ケンカばっかしたくなったり、いじわるばっかしたくなったりしないことだよ」「夕方、眠くなっちゃったりしないこと」「病気とかにならないこと」と子どもたち。それでもみずきくんをはじめ数人は「大丈夫！」と言い張り、ムリという子たちと対立。「じゃあ、やってみたらいいよね」と提案し、2日ほどやってみました。

　ところが、ほとんどの子は昼寝してしまったし、みずきくんたちは夕方眠くなって機嫌悪くなり……。そんなこんなを経験したのち、とりあえず昼寝は自分たちの生活に必要だと言ってデイリーに入れることになりました。でも、その時担任からは、運動会が終わるころには、（お昼寝なしでも）みんな元気に生活できているといいなーと伝えました。子どもたちに目標ができるといいなと思ったからです。

仲間につきあってお昼寝しない子をめぐって

　このように、子どもたちとお昼寝をどうするか話し合い、納得しない子どもがいた場合、やってみて考えようという保育者の姿勢がすてきです。その結果、お昼寝はすることにしたのですが、午睡時間に寝ようとしない子がいたという「お昼寝事件」が、4月に2回起きました。

　1回目は、寝るように促す保育者をよそ目に、3人の女の子たち（まさみ・ゆみえ・かえで）が小声でおしゃべりをしていて寝ていませんでした。子どもだけでは眠れそうになかったので、事務室の前へ連れていきトントンして寝かせました。その後、お昼寝明けの保育室に3人を連れて戻ると「どうした!?」と心配する友だちも多く、3人に「みんなが心配しているよ」と伝えると、まさみが「自分で話する」と言い出し、おやつ前にみんなで話をすることになりました。

　　まさみ「まさみさー、今日お昼寝お部屋でできなかったの」
　　りょうじ「エーッ!?　どうしたのー」
　　ちはる「話してみたらいいよぉ」

まさみ「まさみね、今日多分朝寝坊したんだわ。それで寝れんかったと思う」

　一方、ゆみえとかえではまさみにつきあってしまったと説明する。これに対しちはるが「この間みんなで大きくなって一年生になろうって言ってたのに……」と言い出すとまわりの子が「そうだったんじゃん」と言いはじめる。さよりは朝寝坊しないためには夜は早く寝るのがいいと伝えてくれ、まさみが、「ホントだね」と納得していた。ゆみえやかえでにも意見を求めた子どもたち。

　ゆみえ「今日はだめだった」
　ちはる「だめって、どーゆーこと!?」
　ゆみえ（しばらく考えて）「いっしょに寝ようって言えばよかった」
　みんな「そーだねー」
　かえで「ゆみえといっしょ」

　子どもたちは、けっして寝なかった子を非難するのではなく、わけを聞いてみようとしています。寝なかった子どもたちも、なぜ眠れなかったのか、どうすればよかったのか、自分をふり返って発言しています。まわりの子どもたちも自分たちのこととして考え、話し合った結果、①できたら早起きしよう、②もしも寝坊とかして昼寝がむずかしかったら、一人で静かに休憩しようということになりました。
　しかし、もう１回、「お昼寝事件」が起きたのです。それは、１回目に寝なかったかえでを含んだ４人の女児でした。富田さんがみんなにどうしよ

うかと聞いてみると、「寝たほうがいい」「またケガすると心配」「かえでまたなの。ちはる悲しい」と言われ、4人とも大泣きし、寝ていきました。

4人は、仲よしの友だちが自分のことを心配してくれていることが伝わり、後悔したようです。その後は、昼寝をしない子どももいましたが、静かに休憩しているようになったり、少々騒がしくなったときでも、子どもたち同士で声をかけ合ったりできるようになっていきました。

このような「事件」を、富田さんは次のように、いつものこととゆったりと受け止め、少し楽しんでいる様子がうかがわれます。

4歳、5歳ではほとんど毎年起こる事件なので、おっ！ 今年もきたか!! という感じでしたが、今年は、事件を起こしたメンバーが日頃こういうことで保育者に注意を受けないタイプの子どもたちだったので、内心うれしく思いました。このメンバーは、4歳児クラスの終わりに、ずっといっしょに鉄棒の練習をしていた子どもたちでした。そんな活動の中で、それまでにはなかった仲間関係ができていたのかな、と気づかされました。

この事例は、おとなに頼らずに自分たちで判断してちょっと冒険してみたくなっている子どもたちの姿であり、そして仲間意識をもった子ども同士であるがゆえに、眠れない子につきあってお昼寝せずにいたということのようです。このような問題も集団で話し合うことによって、一方的に非難されるのではなく、仲間が心配してくれていることがわかり、ほっとしたり、うまく自己コントロールできない自分に葛藤したり、友だちの思いやりにうれしくなったりしています。

このクラスではこの他に、部屋でオニごっこのようなあそびをしていて走って転んでケガをするという事件が起きたときも、どうして走ってしまったのか、どうして走らないというルールがあったのか、今後、具体的にどうやって気をつけるのか、走りたいあそびをするときはどうしたらよいか、友だちが走っていたらどうするか、などを話し合っています。

富田さんは、子どもたちがおとなからいつも注意されるのではなく、「事件」はなぜ起き、自分たちはどうしたいのかを、事実から考えていくことで、自分たちで生活をつくっていくという意識もできていくのではないかと考えているのです。

③ 自分たちで企画・運営するキャンプ

　こすもす保育園の5歳児は毎年8月上旬にキャンプに出かけます。山に登ったり、冷たい川でおたまじゃくしをつかまえたり、ふだん経験できない自然に触れることができます。ほぼ恒例の行事となっていますが、それでも行くか行かないかというところから子どもたちの意志を確認して、スケジュールの各パートを子どもたちのグループに担当してもらい、企画・準備・当日の運営を任せています。これもひとつのプロジェクト活動だといえます。2013年度の取り組みをみてみましょう。

1）キャンプに向けて

　4月、かぶらさん（5歳児クラス）がスタートして時々キャンプの話に花がさいてきた。「今年も、キャンプ行きたいな〜!!」という子どもたち。まだ決定ではないけれど、「もしキャンプに行くことにしたら、山にはコンビニもスーパーもないから、ごはんは自分たちで作らんといかんなー」と言うので、じゃあ練習しておこうと、公開保育の2回のクッキングを予定し実行しました。1回目は「炊き出し（火おこし）の練習をしよう!!」と飯盒でごはんを炊いて、カレーづくりに挑戦しました。2回目は「おにぎり」と「サラダ」づくり。
　その後7月のカレンダーづくりをする時に、「そろそろキャンプのこと、行くかどうか決めないと準備もできないし楽しめないねー」と話して、じゃあみんなで決めようと相談。全員一致で今年もキャンプに行くことになりました。[6]

　キャンプに行くことは決まっていないけど、もし行くのだったらという仮定のもと、クッキングなどの体験をしながら、最終的には1ヵ月ほど前

[6] 以下、富田靖子、キャンプの打ち合わせ資料（2013年7月）より抜粋・編集、子どもの名前は変更。

に行くことを決定しています。はじめてのことに不安を持ち、「行きたくない」と思う子どももいるでしょう。しかし情報がないところで「行くか行かないか」の議論をするよりも、「もし、行くなら」という仮定で話を進めていくと、子どもたちも徐々にその気になっていきます。

〈7月5日（金）〉
　6日（土）に保育者たちが下見に行ってくるということを子どもたちに伝え、「山でぜひ見てきてほしい」ということを子どもたちにインタビューしてみた。

・山小屋・寝る部屋はどんな部屋？　まわりにお花はある？　トイレはある？　ごはんを作るところはどんなところ？
・どんな山？　山の道はどんな道？（おにいちゃんに鹿がいるって聞いたけど）　鹿は何頭いる？　何の動物がいる？　食べられる木の実はある？　夜の山はどんな山？　キャンプファイヤーできる？
・川にゴミがないか？　川にガラスはないか？　危ないところはないか？　魚をつかまえたいけどどんな魚がいるの？　道具は何を持っていけばいい？
・星はいっぱい見られる？　何座？

　下見から帰ってきて、すべての答えを子どもたちに伝えるのではなく、残った疑問は子どもたちとともに、探究していきました。子どもたちは、前年度のキャンプの写真にへびのぬけがらが写っていたのを見て、危ないへびを図鑑で調べたり、星座を調べたり、川の魚の本を家から持ってきて読んでもらったりして、自分たちで調べられることは積極的に調べていきます。また、魚をとるための釣り竿を作ったり、たもや水中眼鏡を用意したりしました。

2）自分たちのやってみたいことができるキャンプのための係

〈7月8日（月）〉
　そのあと自分たちのやってみたいことができるキャンプがしたいということか

ら、子どもたちと相談しながら４つの企画にしぼっていき、それぞれを担当する係決めをした。

> 「山にこんにちはの会」担当……①グループ
> 「夜企画」担当……②グループ
> 「バス企画」担当……③グループ
> 「山にさよならの会」担当……④グループ

　このうち「バス企画」というのは、子どもたちの疑問から生まれたものでした。富田さんが、キャンプでは山に着くまでバスで１時間くらいかかるという話をしたとき、「去年のかぶらさんは、その間何をしてたの？」という質問が出たので、富田さんが前年度の５歳児の担任に聞いてきて、「ゲームをしたり、うたを歌ったりしていたらしいよ」と伝えると、じゃあ、バス企画が必要だということになったのです。
　それぞれの係を担当するグループは、キャンプでいっしょに楽しいことを考えるグループをつくろうということで、６月下旬に子どもたちが自分たちでメンバーを決めてつくったものです。

〈７月９日（火）〉
　キャンプの話もワクワクドキドキ進んできたけど、ここでもう一度聞くけど、みんなどんなキャンプがしたい!?　と考え合う。そのあと、絵カードで作った２日間の流れを、カード１枚１枚貼りながら確認する。そして、考えておいてねと言っていた、朝のバスの中でやってみたいことを、一人ひとりにインタビューした。

〈７月10日（水）〉
　前日、インタビューした、バスの中でやってみたいことを基本にして、バス企画担当の③グループと担任保育者でグループ会議をした。その後、みんなでバス企画の確認をし、次の企画「山にこんにちはの会」について話しはじめる。

〈７月11日（木）〉
　本当なら「山にこんにちはの会」の①グループとグループ会議をしようと思っ

ていたが、メンバーがそろわず、先に夜企画のことをみんなで考え合って、意見を出し合った。たくさんの意見が出て、中にはえっ!? というようなものもあったりしたが、とても楽しい話し合いになった。

〈7月12日（金）〉

　昨日の続きで、②グループ（「夜企画」）と担任保育者でグループ会議をした。たくさん出た意見を全部できるかどうかで、はじめは悩んでいた②グループさんだったが、これとこれはいっしょにできるかも……というアイデアも出てきて、Ⅰ部、Ⅱ部みたいにしていけばみんなのやりたいことができるかも……と考えてみる。

　子どもたちから出た夜やりたいことは、夜の探険、宝探し、もうじゅうがり、かくれんぼ、だるまさんがころんだ、ショー（衣装を着て踊る）、うた、花火、キャンプファイヤーです。
　こんなにたくさんできるだろうか？「かくれんぼ」と「だるまさんがころんだ」は、どちらか一つでいいのでは？　夜のかくれんぼは危ないよと言う富田さんに、子どもたちは、せっかくみんなが出してくれた意見だから大切にしたい、と言います。そして全部やりたい、だって「かくれんぼ」と「だるまさんがころんだ」はおもしろさが違う、と具体的に反論。それで、Ⅰ部は「かぶら、たんけん、なんでもさがし号」をし、Ⅱ部の「キャンプファイヤー」の中でみんなから出たあそびを全部やることになり、かくれんぼは、暗くない場所に限定することになりました。

> 保育者のメモ
> 子どもによるネーミング。グループごとにおとなが1人つき、行く場所の写真と簡単な地図を見て探険しました。

　7月に入ってからは、ほとんど毎日キャンプの取り組みをしてプールに入るという生活を送っているかぶら組です。朝ごはんのメニューや係、「山にさよならの会」の内容と、日程に沿ってちょっとずつ話し合いを重ね、絵カード（2日間の流れ）に具体的に自分たちが考えたことが書き込まれていくと、「キャンプが楽しみになってきた」とか「こーんなに、みんなで考えれたんだねー」とか「何か、これ見るたびに、ワクワクするねー」などという声が子どもたちから出てきます。絵カードを見ながら、「オク（富田さん）、○○がまだやっていないじゃないか」とか、「ここのとこは、どーする!?」という声もあがるようになり、どんどん子どもたち自身の企画になっていっていることが伝わってくる毎日でした。

3）子どもたちの参画のための工夫
──視覚化とグループ会議

　この実践では、子どもたちがキャンプのイメージを持て、自分たちがやることを考えやすくするために、前年度のキャンプの写真などを見せています。そのことによって子どもたちは考える材料が与えられ、いろいろと具体的な疑問がわいてきています。また、当日、登山のあとに川で遊ぶのですが、そのような予定もわかりやすくするために、絵カードを使ってスケジュールを提示しています。どのくらいの時間で何をするのか、見えやすくなりますし、決まったこともスケジュール表に書き込まれていくことによって、子どもたちのキャンプに対する期待も高まっていきます。

　また、話し合いでは、それぞれの部分について、やってみたいことを朝の会などで出し合ったり個別にインタビューしたりして意見聴取しておく→それをもとに担当グループと保育者とでグループ会議をして原案をつくる→クラス全体で話し合って決定、という流れで進めています。各自の希望を聞きながら、それらを調整してグループ会議で、現実的で具体的な計画案を立てていっています。少人数のグループ会議では意見が出しやすくまとまりやすく、少し特権的な気分も味わえ、子どもたちは生きいきと話し合いに参加しています。担当のグループでの話し合いでは、みんなから出た意見もあとから客観的に考えることができるし、なるべくみんなの要望を取り入れるためにはどうしたらよいか、知恵をしぼります。こうして、子どもたちは、自分たちのやりたいことが実現していく喜び

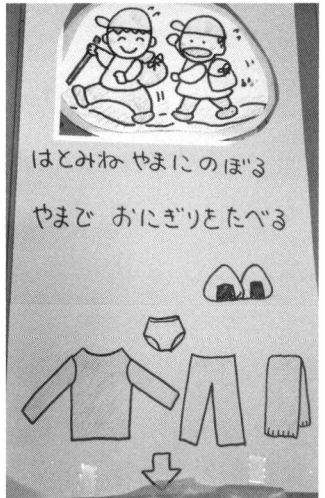

を味わうことができます。話し合いも、最初のころは保育者が司会をやっていねいに意見を聴いていくのですが、だんだんグループに保育者が入らなくても自分たちで話し合いができるようになっていきました。友だちの話を聴いて、自分の考えと照らし合わせて、"同じだ"、とか、"それってこういうことだよね"と考えて話せるようになっていったのです。

キャンプが近づくと、富田さんは子どもたち一人ひとりに、楽しみなことと心配なことをインタビューしました。心配なことは、きもだめしやおばけをあげる子どもが何人かいたので、みんなで話し合って、懐中電灯を持って行くことと、4歳児クラスからもらったプレゼントをお守りにすることにしました。

このような子どもたちの参画があるからこそ、片道2時間かけての険しい登山も、励まし合って登りきることができるのでしょうし、いっしょに泊まることで、キャンプのあと、子どもたちのつながりがぐんと深まったことは言うまでもありません。

第3章
探険に目覚めた仲間たち

1 子どもの声に耳を傾ける

　5歳児では、お泊まりやキャンプなど「宿泊保育」に取り組む園もあると思いますが、毎年恒例の行事として、時間や内容がある程度決まっていることが多いのではないでしょうか。荻窪北保育園は、民営化にともない、運営主体が現在の社会福祉法人に変わってからお泊まり保育をはじめたので、まだ決まった形がありません。毎年、子どもたちと、何をやりたいか、食事も自分たちで作るのか作らないのかというところから、いっしょに話し合って決めていきます。岩井友美さんと本郷亜希子さん（2人とも経験8年で、4歳児クラスからの持ち上がり）が担任した2013年度の5歳児クラス（ひまわり組・20人）では、普段の散歩先での探険をお泊まり保育の中に組み込み、その後も卒園まで川探険を継続していきました。

▶ 保育園の概要
荻窪北保育園
・所在地：東京都杉並区
・運営：社会福祉法人
　　　　和光会
・定員：産休明け～就学前
　　　　まで98人
・開園時間：7:30～21:30

1）夢をふくらませる話し合い──お泊まり会でやってみたいこと

　お泊まり会については、これまでの伝統的な活動や枠組みがない中で、子どもたちのやりたいことを決めればよいという思いで、保育者は春から

子どもたちと朝の会などで全員で話し合いをしていました。

〈5月8日〉

本郷　「お泊まり会の日、いつも通りお散歩に行って、帰ってきてお昼ごはん食べて、お昼寝して、お風呂屋さんに行って夕ごはんをみんなで食べて、お泊まりするっていう一日でもいいんだけど、いつも通りのお散歩じゃなくてもいいよ。何かしてみたいことある？」

つよし　「はじめての公園に行きたい」

みづほ　「交通公園に行きたい」

るり　「交通公園、いいね」

はるみ　「交通公園！」

本郷　「公園に散歩に行くだけでなくてもいいんだよ。たとえば、みんなが知りたいこととか、気になってることを調べに行ってもいいんだよ」

しげお　「おぎくぼ公園で、なんでトカゲが死んでたか」

つよし　「なんで、トカゲのしっぽはぬけて生えてくるの？」

本郷　「なるほどね。気になるね」
　　　「たとえば、前のひまわりさんは夕飯で食べるカレーを作ったり、川のはじまりを見に行ったりとかしてるよ」

つよし　「川の探険したい」

やすし　「川は海に行くんだよ。みらいが落ちた池から海につながっている」

本郷　「そうだね。岩井先生が助けなかったら海まで流れて行っちゃったかもね……」

ようすけ　「さめに食べられてたかも」

本郷　「もしかしたら、仲よく泳いでいたかもよ〜」

しげお　「地球の下がどうなっているか知りたい」

この日の話し合いは、トカゲのしっぽについて調べてみようということになり、ここまで。❼

子どもたちには、まだお泊まり保育のイメージがそれほど持てていなくて、行ってみたいところを話しはじめているようです。この時点ではなんでも気になることを言っていいんだよ、と枠を決めずに話し合いをしてい

> 保育者のメモ
> 朝、散歩に行く前に30〜40分かけて話し合っていました。

> 保育者のメモ
> 進級前の3月に善福寺公園に行った時、「川のはじまり」を見せて、保育者が当時の5歳児クラスがここをゴールに川探検をした話をしたのを、つよしくんはとくに興味をもって聞いていました。みらいくんが池に落ちたのもこの公園での出来事。

❼ 以下、岩井友美・本郷亜希子、ひまわり組クラスだより「なかまたち」（2013年度）各号より抜粋・編集、子どもの名前は変更。

たので、まだ一人ひとりの興味はバラバラなところがあります。ただ、毎日のようにいろいろな公園に出かけて行っていたので、子どもたちの関心の一つは公園にあります。保育者は「『気になること』というテーマで聞いてみると、いろいろなことに興味があることがわかりました。子どもたちの興味のあることを一つずつ調べていくとおもしろい展開になりそうです」とおたよりに書いています。

"子どもたちの興味のあることを追究し、本当にやりたいことを実現させてやりたい"という保育者の意図のもと、話し合いはゆっくり進んでいきます。

〈5月17日〉

本郷　「この前、お泊まり会について話し合ったんだけど、他に気になることとか、やってみたいこととかある？」
あずさ　「ぼうけんに行きたい」
つよし　「川の最初がどうなっているか見に行きたい」
　　　　（中略）
なおや　「善福寺公園から、川の探険したい」
たくや　「おばけやしきに行きたい」
本郷　「みんなおばけやしきに行ったことある？」
しげお　「あんさんぶるのおばけやしき行ったじゃん」
本郷　「（お泊まり会を行う予定の）9月はあんさんぶるでおばけやしきはやってないかもよ」
ゆうは　「みんなでジェットコースターのりたい」
本郷　「どこにあるの？」
あずさ　「キョウリュウジャーのゆうえんちにあるよ」
本郷　「そういえば、トカゲのしっぽはどうして生えてくるかわかった？」
やすし　「ミミズもだよ」
ようすけ　「ミミズの研究所に行ってみないとわからないでしょー」
たくや　「パパに聞いたら知ってるかも」
みらい　「ママにきいてみる」

前回よりも内容が広がってきました。また、自分の思いを発言する子も増えて

> **保育者のメモ**
> 「あんさんぶる」は園のすぐ近くにある児童館で、子どもたちは、前年の8月に小学生たちがそこでおばけやしきを作ったのを見に行っています。

きました。後日、みらいくんが「トカゲのしっぽはツメと同じなんだよってママが言っていた」と教えてくれました。

　2回目の話し合いは、1回目のときより、アイデアがたくさん出てきて夢が広がっています。5歳児は、家庭で経験したことや園で経験したことをもとに、さらに世界を広げて、想像し、今まで行ったりやったりしたことがないことも、行ってみたい、やってみたい、と思うようになってくるようです。

　最初は発言できなかった子どもも、友だちの提案を聞いて連想したり、それに対して質問したりして、イメージをふくらませていきます。なかなか発言できない子には、「どう思う？」などと声をかけたりしています。5歳児クラスで入園してきたなおやくんは、発言の回数は少ないのですが、思いは強くもっていて「善福寺公園から、川の探険したい」と言っています。ただ、まだ自分たちで出た意見をまとめたり調整したりするということはむずかしい段階にあるようです。「トカゲのしっぽ」についてはそれほど探究したいテーマにはならなかったようです。

　一方で、このころ、お泊まり会の日の夕食で何を食べたいかの話し合いもはじめています。「給食の先生に作ってもらう？　自分たちで作る？」と投げかけて、後日話を聞いたところ、みんな、すっかり自分たちで作るつもりになっていたそうです。お泊まり会のときは夕食を自分たちで作るんだということとともに、ワクワクしながらお泊まり会をイメージしはじめている子どもたちです。

2）世界を広げる散歩

川と公園に囲まれた保育園

　プロジェクト活動は、急に立ち上がっていくものだけではありません。むしろ、日常的な活動の中で、興味や関心、疑問をふくらませ、それをクラス集団で共有していきながら、クラス全体で取り組むプロジェクトへと

発展していきます。この荻窪北保育園の子どもたちも、川への関心はこのあと壮大な川探険へと発展していきますが、あくまでゆっくりとしたペースです。

荻窪北保育園の近くには川が流れており、子どもたちはよくその川沿いを散歩してさまざまな公園に行っています。5歳児クラスの4月からも、毎日のように近くの公園に散歩に行ったり、月1、2回予定されているバス散歩の行き先を話し合って決め、遠出の散歩をしたりしていました。

〈5月29日〉

川を西荻窪方面に30分歩いたところにある関根文化公園に行ってきました。川沿いをひたすら歩き、個々のペースで歩いたので、紫陽花だけでもいろいろな色があることに気づいたり、下流の方にはないコイが公園近くにはたくさんいることに気づいたり、川にあいた穴はなんだろうと疑問に思ったり、つよしくんがマンホールにつながっていると教えてくれたり、たくさんの発見がありました。

〈6月27日〉

関根文化公園に向かう途中、草木が生い茂る横道を発見。なんだか、西田公園に行く途中の道に似ている。「ここの道歩いたら西田公園につくかも？」（実際は西田公園とは方角が違います）「行ってみたい！」という子12人と探索してみることに。ずんずん歩いていくと、まだまだ続く長い道でした。さらに歩くと、大きな道路に出ました。なんだかくさいにおいがしたので、折り返して関根文化公園に向かいました。地図を持っていたらおもしろかったかもしれませんね。

保育者のメモ
このころ、行ったことがない道を行ってみたいという気持ちが芽生えてきていました。

5月ごろから保育室に園のある杉並区の地図を貼り、行ったことのある公園をチェックしていました。撮ってきた写真を地図上に貼ったり、写真を載せたおたよりを廊下に貼ったりしていくうちに、他にもたくさん気になる公園が出てきて、歩いて行けるところ？　バス散歩で行けるかな？　電車に乗るのかな？　などと地図とにらめっこしながら思案するようになっていきました。

散歩先では、保育者が「ここを行くと源流だよ」とか「ここが川のはじまりだよ」（善福寺公園）、「この川は海につながっているんだよ」などと子どもたちに話したりしていました。

区内の公園マップ。

ドラキュラとあやしいもの探し

そんな日常的な散歩の中で、子どもたちが興味をもったものから、あそびが広がっていきます。

〈5月28日　松渓公園に散歩〉

木の下に赤い×印があるのをあおいちゃんが発見して、「なにこれ！」「なんのマーク？」「ドラキュラがきたマークかも」と、他のあそびをしていた子たちも集まってきて、他にあやしいマークがないか探しました。×印が7つも見つかり、「前はなかったのになんで？」と盛り上がりました。保育者は×印は測量用の印だとわかっていましたが、「なんだろうねえ」とあやしい雰囲気をつくるようにしていました。

地面にはかすかに、謎の赤い×印。

〈6月5日〉

松渓公園で、前回見つけた赤い×印を、「増えているかもしれない！」と全員で公園中を探索。すると、血のような跡や、緑色の点々、赤い石、あやしい穴など、あやしいものが出るは出るは……。「妙正寺公園のドラキュラがひっ越してきたのかもよ」「この公園の下に住んでいるのかも……」と想像がふくらみます。

保育者のメモ
妙正寺公園には棺桶のような形をした機械庫があり、園では、幼児クラスを中心に、ドラキュラの箱として代々伝え継がれています（185頁写真参照）。

〈6月10日・14日〉

前回に引き続き松渓公園であやしいもの探険をして、「なんかガイコツみたいなものがあるよ」「ドラキュラの大きな手の跡じゃない？」、高い木の上にかかっているハンガーを見つけて「ドラキュラのマントをほすんじゃない？」「人間じゃ絶対とどかないもん」とか、いろいろなものがあやしく思えてきて、「夜中の12時に公園に来たら、ドラキュラの正体がわかるかもよ!?」「お泊まり会のときに来てみたい」などと想像や探究心がふくらみます。

木の葉の間になぜかハンガー。すごく見えづらいのに、子どもたちはいち早く見つける。

〈6月25日〉

再度松渓公園に行くと、前回あった靴と自転車がなくなっていて、その代わりにタイヤの跡がぐるりとカーブを描いていたのを見て、「ドラキュラが自転車に乗って通った跡かも……」と子どもたち。

その後、プールの時期になっても、気温が少し低いときには荻窪公園に行って、水が流れているか見に行ったり、松渓公園に行ってドラキュラの痕跡がないか調べたりと、子どもたちの探索は続きます。
　子どもたちは、実際の具体的なモノを手がかりに想像し、しかしまったくの空想ではなく根拠にもとづいて因果関係を推測しながら、ストーリーを共有しています。ストーリーには継続性があり、前回とくらべてどうだったか、次はどうなっているかなど、子どもたちの観察の目も鋭くなってきて、疑問・探究心が深まってきています。
　このような日常的なあそびを積み重ね、興味を集団で共有していく中で、お泊まり会でやりたいことについても、子どもたちの意識が一致してくるようになります。

3）お泊まり会は川探険をしよう！

　お泊まり会2ヵ月前の7月10日、朝の会で「お泊まり会どうする？」と保育者が聞くと、「公園に行きたい」「探険に行きたい」「海に行きたい」という子も増えてきましたが、「遊園地に行きたい」「観覧車のりたい」という子もちらほら。10日ほどたった7月22日の話し合いの様子を見てみましょう。

　　あずさ　「ごはん食べたら探険に行きたい」
　　つよし　「探険は夜じゃないと意味がない」
　　岩井　　「どこに探険に行くの？」
　　あずさ　「遠いところ」
　　やすし　「（夜なら）セミの羽化が見れるよ」
　　岩井　　「夜、外に探険に行くの？　こわくない？」
　　みらい　「ドラキュラのいる妙正寺公園に行きたい。松渓公園にもいると思う」
　　あずさ　「夜中に松渓公園に行きたい」
　　みづほ　「懐中電燈があればいいよ」
　　やすお　「夜はいやだ。夕方ならいいよ」
　　ゆうは　「夜こわいから朝行きたい」

　　　　　（中略）
しげお　「夜におばけやしきに行きたい」
みんな　「やだー！」
　　　　　（中略）
岩井　　「園内探険もあるよ」
しげお　「そんなの楽しくない」
　　　　　（中略）
岩井　　「昼はどうする？」
あずさ　「電車でどっかに行く」
つよし　「海外に行っちゃう！」
岩井　　「いつも通りのお散歩でもいいんだよ？」
あずさ　「いつもと違うことしたい」
しげお　「部屋を暗くしてＵＦＯきたー！　って遊びたい」
あずさ　「松渓公園にドラキュラ見に行きたい。本当にいたら困るから、ライト買って持っていくの」
あずさ　「こわいひとー？　ぜったいに行けるひとの手をにぎっていけばだいじょうぶだよ」

保育者のメモ

この時、保育者としては、子どもたちの「夜」へのこだわりは感じていましたが、安全確保などの心配もあって、「夜は保育園で過ごすよ」と方向づけました（その後、夜は「園内探険」することに決まった。夜の「園外」への探険は、翌年の５歳児クラスで実現）。

　保育者は、日中の活動について話し合おうとしているのに、子どもたちの気持ちはすっかり夜の探険に向いているようです。これまで、ドラキュラで盛り上がってあやしいもの探しをしてきたので、子どもたちの中で夜の探険への関心が高まっているのがわかります。子どもたちがどうしてもしたいことならかなえてあげたいけど、夜の公園は安全面で大丈夫かな？と保育者は悩むことになります。昼の活動には、まだ子どもたちはイメージが持てていないようです。子どもたちにとっては、お泊まり会で何をするかは、考える範囲が広すぎてむずかしかったかもしれません。また、この時点では、「ドラキュラ」以外に盛り上がっている子どもたちの日常のあそびや関心を寄せるものがまだなかったのでしょう。
　そして、８月８日、もうそろそろお泊まり会の内容を決めなくてはと保育者が思い、話し合いをすると、おばけやしき、めいろのきもだめし、冒険したい、という意見が出るものの、なかなか決まりません。あせりを募らせる保育者たち。翌日、話し合いを再開すると……

〈8月9日〉

本郷　「それで、お泊まり会の内容が決まっていないんだけど、いい？　遊園地とか、夜の探険とか、川の探険に行きたいって言っていたけどどうする？」
つよし　「川の探険がいい！　川の最後がどうなってるか見たい」
本郷　「海に着いたらなんにもないのかな？」
みづほ　「水着もって行ったら入れるかも！」
つよし　「けやきプールみたいに、行く前に水着着ておいたらいい」
やすし　「前のひまわりさんはどこまで行ったの？」
本郷　「川の終わりを見に行ったんじゃなくて、川のはじまりを見に行ったんだよ」
つよし　「川の分かれ道が見てみたい」
しげお　「見てみたい！」
つよし　「善福寺公園に行って、分かれ道を探険してどうなってるか見てみたいの」
本郷　「川の探険でいいの？」
みんな　「いい！」

> **保育者のメモ**
> 「遊園地に行きたい」という意見については、保育者が費用や行き方はどうするのかと全体に投げかけると、「園長先生にお金をもらえばいい」「だれかの車に乗る」などと安易なので、「調べてこよう」ということにしました。ところが１人をのぞいてだれも調べてきませんでした。そこで、保育者が"じゃあどうするの？"という感じで、これまで出てきた意見をふり返るように言ってみました。

　こうして、とうとうお泊まり会では川探険することで一致しました。子どもたちがイメージしている「川」は、保育園の一番近くを流れる善福寺川です。神田川・隅田川などの大きな川との合流をくり返し、東京湾へ注ぎます。前年の５歳児クラスも同じように川に関心を持ち、源流探険をしていたことを、子どもたちは伝え聞いています。これに対してつよしくんを中心とするこの年の５歳児たちは、「川の最後がどうなっているか見たい」「川の分かれ道が見てみたい」と、河口や合流地点のほうにも関心を持ったようです。普段の散歩では善福寺川沿いを少しずつ歩いていましたが、お泊まり会では、いつもよりまとまった距離を歩けるということで、念願の善福寺川と神田川の合流地点まで行くことになったのです。

　もう決めなければいけないという時期にうまく決まったのは、これまでの川沿いの散歩や公園での探険を何度も経験し盛り上がってきたこと、地図を保育室に貼っていたことによって子どもたちの関心・探究心が高まり、川の分かれ道や終わりを見てみたいという気持ちが出てきたことが背

> **保育者のメモ**
> 前年度に引き続き「川探険」に決まったのは、前年の５歳児へのあこがれもあったかもしれません。川探険も含めお泊まり会全体の様子を紙芝居にして「卒園を祝う会」のときに見せてくれたのを、子どもたちはよく見ていました。

資料2

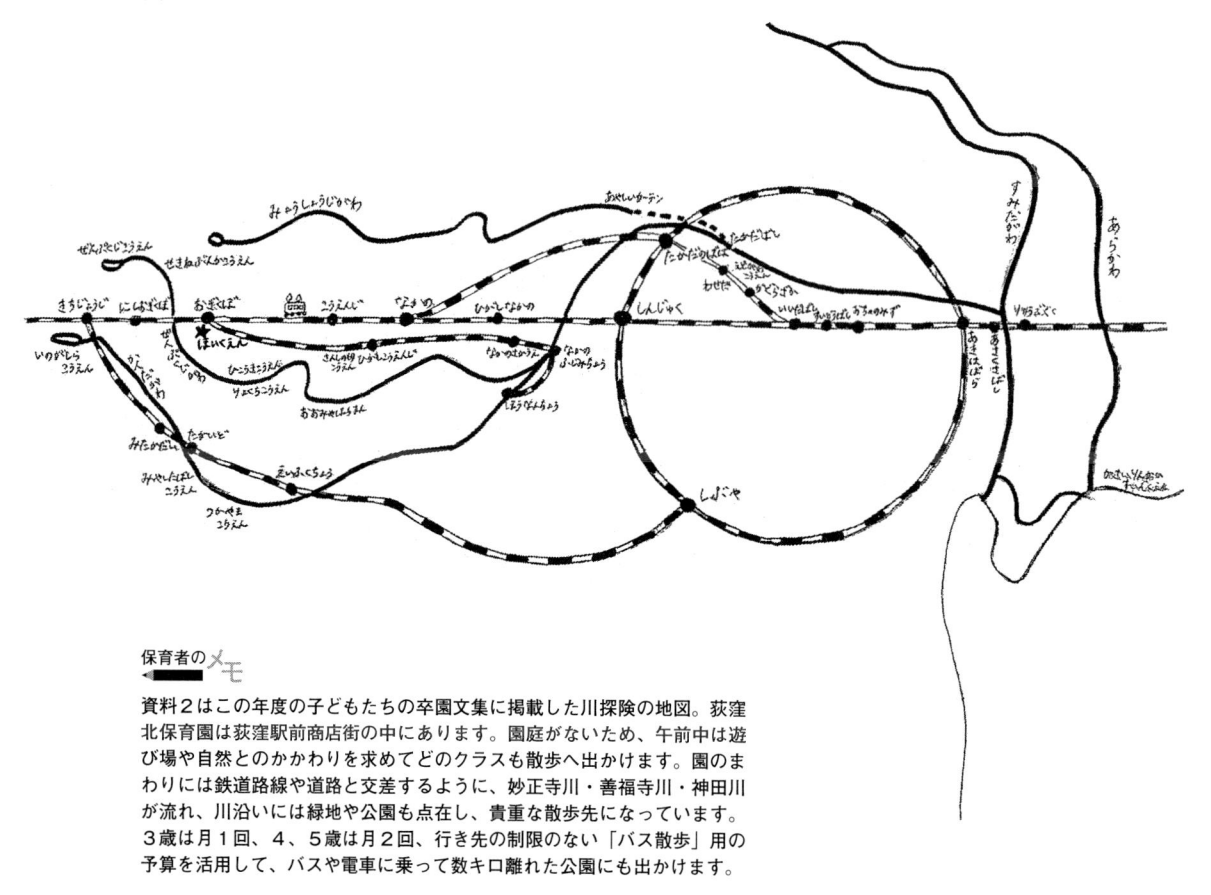

保育者のメモ

資料2はこの年度の子どもたちの卒園文集に掲載した川探険の地図。荻窪北保育園は荻窪駅前商店街の中にあります。園庭がないため、午前中は遊び場や自然とのかかわりを求めてどのクラスも散歩へ出かけます。園のまわりには鉄道路線や道路と交差するように、妙正寺川・善福寺川・神田川が流れ、川沿いには緑地や公園も点在し、貴重な散歩先になっています。3歳は月1回、4、5歳は月2回、行き先の制限のない「バス散歩」用の予算を活用して、バスや電車に乗って数キロ離れた公園にも出かけます。

景にあると考えられます。興味・関心や要求は、体験とともに高まっていくといえます。また、「遊園地に行く」という案はそれほど現実的ではないことも子どもたちは感じたのでしょう。ただ、その発言の裏側にある思い（電車に乗ってどこかへ行きたい、家族で行って楽しかったからクラスのみんなとも行きたいなど）も聴き取り、その願いをなんらかの形で実現させる方法を考えていくことがあってもよかったのかもしれません。

❷ 合流地点を目指して出発！

　お泊まり会では川探険をすると決まったあと、具体的には善福寺川沿いを大宮八幡から神田川との合流地点まで歩くことを確認しました。探険はグループ行動とし、グループごとに話し合いをして、どこから出発するのか、何を持っていくのかを保育者と決めていきました。

　お泊まり会の川探険では、水を飲むのと、バナナやおにぎりを食べるタイミングは、一人ひとりが自分で決め、それぞれのグループのペースで急がせることなく探険することになりました。それでは、5歳児クラス担任の本郷さんが担当した「にじグループ」の様子をみてみましょう。

子どもたちのそれぞれの関心

　にじグループは、地下鉄丸ノ内線に乗って新高円寺駅まで行き、そこからバスに乗って大宮八幡前の停留所に向かいました。

〈丸ノ内線にて〉

　みらい「おにぎりつぶれないようにしないと！」
　あずさ「何個もってきた？」
　本郷　「3つ！」
　あずさ「6個もってきた」
　みらい「2つ！」
　やよい「ママが目つけてくれた」
　あずさ「ほんごう先生は、どこに住んでるの？」
　本郷　「江戸川区だよ」
　あずさ「えどがわくって？」
　本郷　「千葉の方だよ」

保育者のメモ

子どもたちの中では「源流から海まで行きたい」という気持ちがありましたが、時間のめやすとして、去年の5歳児クラスでも、お泊まり会では、保育園から源流まで歩くのがやっとだった、ということを伝えました。そして、いつもの散歩やバス散歩で、善福寺川の水源（善福寺公園内の善福寺池）や、「大宮八幡」の手前までは歩いていることを地図でも確認し、今回はまだ行ったことのない大宮八幡から先の川沿いを合流地点を目指して歩くのはどうかと提案し、この区間となりました。大宮八幡までは園の最寄りの荻窪駅からJRと地下鉄を使う2つのルートがあり、どちらでいくかはグループごとで選択しました。

あずさ　「え〜そんな遠く？」
みらい　「両国らへんでしょ？　海に近いんじゃない？」
本郷　　「近いよ」
あずさ　「いつでも行けるじゃん」
みらい　「かいすいよく行ける」
本郷　　「東京湾って泳げるのかなあ」[8]

[8] 以下、荻窪北保育園「お泊まり会報告集」（2013年度）より抜粋・編集、子どもの名前は変更。

　おにぎりを持って出かける喜び、これからはじまる川の探険に対するワクワク感が伝わってくる会話です。おにぎりが気になる子、地図・地理に関心がある子、海に興味がある子、それぞれの興味・関心で探険がはじまっていきます。

　さて、新高円寺で降りたら、バスに乗ります。バスを待っていると、同じく丸ノ内線に乗ってきたつばきグループと再会！　早々に大喜びの子どもたちでした。大宮八幡前のバス停で降りると「あっちに川があったよ」と迷いなく歩きはじめました。

保育者に言われなくても、手をあげて横断歩道を渡る子どもたち。

スケジュールは自分たちで決める

〈グランド前にて１回目の休憩〉
　バス停から少し歩くと、すぐに川がありました。

　　本郷　　「海に向かって歩いて行くから川の流れている方に歩くんだよ」
　　みらい　「じゃあ、あっちだ」といよいよ川沿いを歩きはじめます。

　順調にスタート！　と思っていたら……

　　あずさ　「おにぎり食べたい！」
　　本郷　　「好きな時でいいよ」
　　あずさ　「食べたいひとー？」
　　全員　　「はーい!!」

ということで、歩きはじめて早々に、おにぎりタイムとなりました。

 あずさ「いいにお〜い！」
 やよい「ほんとだー！　すごい、いいにおい！」
 あずさ「あー！　うっめー‼」
 ひろし「うんめい？（笑）」
 はるみ「うんめいってなに？」
 本郷　「ん〜むずかしいなあ」

「これで、野球見ながらごはん食べたら最高なんだよね」とあずさちゃん。

早々に食べはじめましたが、一応、後半で食べる分は、残していました。
腹ごしらえをして歩き出すと、2つ目の橋が見えてきました。

 みらい「しゃくやまばしだって」
 あずさ「ミミズだ！　だれかつかまえて‼」
 やよい「つかまえて！　つかまえて！」

つかまえたいけどつかまえられないあずさちゃんと、やよいちゃん。ひろしくんがつかまえてくれました。土を入れる道具を持っていなかったので、落ちていたクルミ（？）の殻で代用することに。

 あずさ「さあ行こう！　ひまわりさんでしょ！　えいえいおー‼」

〈本日、2回目の休憩タイム〉
 はるみ「おにぎり食べたい！」
 全員　「いいね、いいね」

ちょうどよいベンチを見つけ2回目のおにぎりタイム。

道を探す——工事中で通れない⁉

 あずさ「行き止まりだ……」
 みらい「いいこと思いついた。一回戻ってあっちがわは？」

保育者のメモ
子どもたち以前、普段の散歩の中での川探険で「行き止まり」に遭遇したことがあり、川からいったん離れて迂回したらまた戻って来られることを経験しています。

反対側の川沿いを歩いてみようとみらいくん。でも、あずさちゃんが左手に続く道を見つけたので、そちらに行ってみることになりました。でも、そこは広場になっていて、行き止まり。

　みらい「ふつうの道歩いて、ここかなと思ったら曲がって川に戻るのは？」

　元の所まで戻ってみると、左手に道を発見。

　あずさ「あ！　あっちから来てる！　行けるよ！　みんな！」
　みらい「にんげんたち行ってるよ。みんな通ってるから行けるよ！」

　左手の道をドンドン進んで行くと、曲がり道がありました。

　みらい「ここから曲がったらいいんじゃない？　行けるとおもう！」

　右手を曲がると〈済美橋〉がありました。ちょっと先をさくらグループが歩いていました。追いかけていって、さくらグループと合流し、いっしょに歩いていくと、熊野橋児童遊園がありました。

この道でいいのかな？

目的地を意識する

〈3回目の休憩タイム〉
　みんなで漬けた梅干を食べたり、残りのおにぎりを食べたり、遊具で遊んだりして、しばらく公園で過ごしました。この時点で11時。

　みらい「ここ、なにこうえん？」
　本郷　「くまのばしじどうゆうえんだって」
　みらい「あの橋のかんばん見てくる」

　公園の先にある橋の名前を確認しに行くみらいくん。

　みらい「くまのはしだって。地図見せて」

保育者が持っているくわしい地図で場所を確認してみると、あと4つ橋を渡ると、和田堀橋という大きな通りに出ることがわかりました。目標が見えて、俄然やる気が出てきた子どもたち。

　　あずさ「にじグループもがんばろう！　えいえいおー‼」
　　全員　　「えいえいおー！！！」

　これまで何度となく、「えいえいおー‼」と声をかけてくれていたあずさちゃん。でも、地図や虫が気になっていたり、次に進むことに夢中だったりと、みんなのタイミングが合わなかったのですが、ここに来て、息がピッタリと合いました。3時間いっしょに歩いている中で、気持ちが合ってきたんだなと感じました。心がひとつになったところで、横断歩道を目指して、歩き出します。そして、ついに、方南町の交差点まで来ました！

「えい、えい、おー！」

　　みらい「あ！　あそこ、わたれそう」
　　やよい「へんなところきた」
　　みらい「いま、どこ？」

　地図で現在地を確認します。

　　みらい「わたって戻ろう。こんどは、さっきのこうばんめざそう」

　交番の所まで来たらまた川沿いに戻ります。ここからは橋を見つけては、名前と地図を確認しながらカウントダウン‼　そしてついに、合流地点に到着‼
　合流したら川幅がどうなるのかずっと気になっていたみらいくん。「がったいしたら、少しだけ大きくなってた！」と喜んでいました。
　合流地点を見たら、もう1つの川、神田川がどこから流れてきているのかが気になり、神田川の流れて来る方に少しだけ行ってみることにしました。
　ずーっと先から流れて来ているのを見て、「こんどは、神田川も歩いてみたいね」と話していました。

ついに合流地点に到着！

3 子どもの探究心の発展——まだまだ続く川探険

1）神田川はどこから流れてどこへ合流する？

次々わいてくる疑問

　プロジェクト活動の推進力は子どもの関心・疑問・探究心です。川の探険における子どもの疑問は、「善福寺川はどこから来てどこへ行くのか？——源流から海まで探険する」ということで、お泊まり会では「神田川との合流地点まで見る」ということになったわけです。途中で子どもたちは、虫に興味をもったり、川の流れに興味をもったり、道に置いてあるモニュメントを見つけたり、おにぎりとバナナをいつ食べるかが気になったり、公園を見つけて遊んだり、四つ葉のクローバー探しをしたりと、それぞれの関心をもって探険をしています。とくにみらいくんは、「合流って、がったいするだけで、広くならないのか？　がったいしたら広くなるのかな？　重なるだけなの？　こうなって広くなる？」という疑問をもって探険し、合流地点を見て、「がったいしたら、少しだけ大きくなってた！」とわかりました。

「がったいしたら、こうなって広くなる？」

　合流地点に着いたら次には、もう一つの川、「神田川がどこから流れてきているのか？」という疑問もわいてきて、合流地点から神田川の流れてくる方に少しだけ行ってみる子もおり、「今度は神田川も歩いてみたいね」という声も聞かれました。そして、お泊まり会後も次のように探険が続いていったのです。

　９月末、散歩で松渓公園に向かっていたとき、川沿いを歩いて行ったら、川の探険のことを思い出したようで、「このまま川沿いを歩いて行ってみたい！」と

いうことで、そのまま川をたどっていくと善福寺緑地公園に到着。もっと先に行ってみたい気持ちはありましたが、給食の時間もあるのでその日はそこまでになりました。子どもたちからは、「神田川のはじまりから（善福寺川との）合流地点まで行ってみたい」「善福寺川と神田川の合流地点から神田川の次の合流地点を目指したい」という２つの区間についての声が出ていました。

その声を取り上げ、どの川を探険したいか、合流地点から海に向かっていくのか、合流地点から神田川をのぼっていくのか、神田川の源流から合流地点を目指すのか、妙正寺川を歩くのか、みんなで話し合い、「全部行きたいけど、まずは神田川の源流から合流地点を目指したい」ということになりました。こうして、お泊まり会後の川探険が10月28日、神田川の源流がある井の頭公園（湧き水のある池）からスタートしました。❾

> 保育者のメモ
> このときイメージしていたのは、善福寺川同様、保育園のある杉並区内を流れ、子どもたちが親しんでいる妙正寺川との合流地点。

> ❾ 以下、岩井友美・本郷亜希子、ひまわり組クラスだより「なかまたち」（2013年度）各号より抜粋・編集、子どもの名前は変更。

子どもたちの川に対する関心がますます強まってきていることがわかります。あらかじめ計画され組織された話し合いばかりではなく、保育者は活動中に子どもたちから出てきた言葉を聞き逃さずにひろって、次の活動につなげる働きをしています。

各自地図を持って

１回に探険する距離は、電車の１区間くらいで、保育者がこの時間だと、この距離、ここまでなら行ける、という情報は伝えながら、次の目的地を決めて電車やバスを乗り継いでいき、実際に探索先でもう１駅歩くかどうか子どもたちに選択させることもありました。お泊まり会のときには、川探険につき添ったおとながくわしい地図を持っていましたが、このころには子どもも１枚ずつ地図を持って探険に行くようになりました。こうやって、１ヵ月に１回ほど出かけて、前回の続きを歩くというようにして、神田川の源流から善福寺川合流地点まで、10月から１月中旬まで４回探険したのです。

１月中旬に神田川と善福寺川の合流地点を神田川サイドから見たあとは、

保育者「今度はどこから探険する？」
子ども「神田川は何川になるの？」

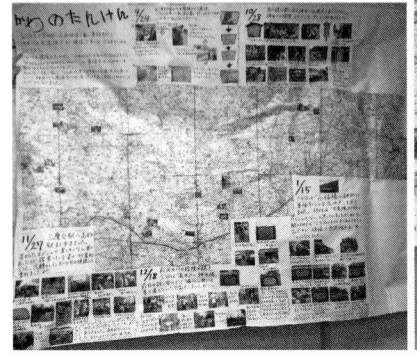

保育者「途中で妙正寺川と合流して神田川になるみたいだね」
子ども「じゃあ今度は妙正寺川と神田川の合流地点見に行きたい！」

「かわのたんけん」マップを掲げる岩井さん。探険するたびに、そこでの出来事や発見を写真とともに書き込んでいきます。河口に向かって探険が進むにつれて、どんどん地図が継ぎ足され、ついに海が……。

　ということになり、3月まで毎回2キロをめやすにさらに7回かけて歩いて行きました。しかし、川沿いを歩いていても川のすぐそばに家が立ち並んでいたり、柵があったりして、迂回をしないと歩けないことが多くなり、地図で確認しながら、一つひとつの橋を探していきました。回を重ねるにしたがって妙正寺川の次は隅田川との合流地点、そして海へ！　海へ！　という気持ちが強くなっていく子どもたち。
　3月20日には、ついに神田川と隅田川の合流地点まで行きました。隅田川の大きさに「海だー！」と驚く子どもたち。海まで行きたいという気持ちにこたえたいと担任は思い、卒園間際のおわかれ遠足では葛西臨海公園まで電車で行くことに。しかし時間の都合で遊覧船は断念。雨も降っていて、本物の海を見ても、前回見た隅田川をすでに海のように感じていたからか、保育者の予想ほど盛り上がらず淡々としていた子どもたちでした。

隅田川からスカイツリーをのぞむ。この川幅はもはや「海」。

2）子どもたちが獲得したもの

①……地図を見ながら目標を意識して歩く──興味の共有

　お泊まり会のときの川探険では、まだまだ川そのものに関心を寄せる子どもは多くはありませんでした。ごっこあそびをしながら歩き、興味をひ

くものを見たり聞いたりすると、そちらに見に行くという子どももいました。公園で遊びたい子と先に進みたい子で話し合いをして先に進むことになることもありましたが、次第に今どこを歩いているか、どこまで歩くかをより意識するようになっています。善福寺川源流から○kmの看板を確認しながら歩いて、「もう何メートル歩いた？」「もっと先まで行ってみようか⁉」などと、地図で公園と橋を確認して歩いたりしています。1月15日の神田川と善福寺川との合流地点に到達する日には、子どもたちは「今日は合流地点まで歩くんだ！」とゴールを強く意識し川沿いに到着するとダッシュ！ 合流地点に着くと「あ～こっち側はこの前、お泊まり会で来たところだー！」と感激し、行ったり来たりしながら川の合流地点をのぞき込んでいました。

「もう何メートル歩いた？」

さらに神田川の善福寺川との合流地点から妙正寺川との合流地点を見に行ってみることになると、朝から地図帳をめくって、にんまりしている男の子も。探険中に歩くペースがダウンしたので、疲れたかなと思い、保育者が「近くの富士見ヶ丘から電車乗って帰ろうか？」と提案すると、「やだ！ 高井戸まで歩く！」「がんばって歩く！」ということで、スピードアップして歩き通しました。このように子どもたちは、自分たちで地図を見ながら計画した探険として目的意識を強めながら、未知のものを見てみたいという興味を共有した共同体へと発展していっているといえます。

「今どこらへん？」

②……**観察力の高まり**

お泊まり会の時には「川が太くなったり細くなったりしている」「川の水がきれいになっている」という言葉は何人からか聞かれました。その後の探険では、「あっちに（川の）迷路があったよ」「くねくね道になった！」「流れが速くなった！」「とんぼみたいな石になっている！」「これは地下迷路だ！」「合流地点にも似ているけど、また分かれ道になっている」「ここだけ隕石が落ちたみたいに（川に）穴があいているよ。あやしい音もする」など、川の変化に気づく子どもたちが増えていきます。

また、まわりの景色についても、「あーなんだか違うと思ったら新宿なのか！」。下流のほうで行き止まり、迂回が増えてくると、「これじゃ川の探険じゃなくて道路の探険だ」と川の近くを通る道を探したり、歩道橋の上か

ら川の方向を確認したりします。

　子どもたちはそれまでに見たものや体験してきたことと新たに見たものとを比較し、違いや変化に気づいたり発見して感動したりしています。継続的な取り組みだからこそ観察力も高まっています。

③……川探険のふり返りによる体験の共有

　子どもたちは、探険中に見つけたものを、集団で共有するようになっていっています。前方を歩いている子どもたちが新たなものを発見すると「こんなものがあったよ！」「後ろの人にちょっと教えてくる」と、まるで伝言ゲームのように伝え合います。川探険の最後のほうでは、何回も迂回しないと川沿いに出られなくなり、「ついにここまでか、もう先には行けないよ」という声も出ましたが、「だいじょうぶだよ！　まだ行けるよ！」とお互いに励まし合いあきらめずに歩けました。

　それは、川探険の経験を積み重ねたことで意識が高まったことにもよりますが、貼り出した地図やおたよりなどを通して川探険のふり返りができていたことも大きいでしょう。川探険等、午前中に活動したことは、午睡ごろまでには、写真をたくさん載せたおたよりにし、廊下に貼り出すので、それを見て子どもたちは自分たちがやったことや見つけたものについておしゃべりしたり、思い返したり、他の友だちがやっていたことなどを知ったりしていました。おたよりは、翌日にはファイルに綴じられるので、そのファイルを見返している子どももいます。このようなドキュメンテーションが子どもたちの間で情報を共有することにつながり、共感や連帯感、次への見通しを強めます。目に見える形にするで、子どもだけではなく、保育者・職員や保護者も、情報を共有できコミュニケーションが進むことになったと思われます。

今日は大雨。部屋の中で、自分たちの探険を記録したドキュメンテーションを見返す。

④……疑問・思考の発展——過去の経験に照らし合わせて

　子どもたちの疑問や思考も深まっていきます。お泊まり会での川探険では、どっち向きに歩けばよいか、川に葉っぱを投げて流れる方向を調べて探険の方向を決める子どもがいるなど、これまでの川沿いの散歩での経験

を生かして考えています。道が行き止まりになっている場合は迂回の道を探すなど、想像力を働かせていました。

　また、「善福寺川はふつうに流れているのに、なんで（迷路のようになっているの）？」とか、「こっちは深いのに向こうはちょっとだよ。こっちは緑色であっちはやまぶき色だね」と比較したり、橋に書いてある字を見て「一級橋だって。二級橋もあるのかな？」と類推したり、木の杭が腐っていて抜けそうになっているのを見て「なんか歯が抜けたのと同じみたい」と比喩的に考えたりしています。「なんか、善福寺川よりも神田川のほうがコイが多い。水がこっちのほうがいいのかも」と理由を考える子どももいました。また、道路の脇に立っている仏像を見つけて「どうしてこんなところにいるんだろう？」、花壇の土を見て「ここって、底あるのかな？」と枝で掘って底があるか確かめたり、橋の標識を見て「どうして〇〇ばしと〇〇はしがあるんだろう？」、鳥を見つければ「なんていう鳥だろう？」などと、いろいろなことに疑問をもつようになっていきました。

　過去に経験したことと照らし合わせて、比較したり類推したり、疑問をもったりしていることがわかります。このような体験を通して子どもたちの思考力も高まっていっているといえるでしょう。

　川探険を通して、子どもたちは、未知のものに対してワクワクしながら計画を立てて、いろいろなことを見たり考えたりしながら進み、みんなで目標を達成し、自信や仲間意識が高まったと思われます。そのかげには、子どもたちのやりたいことに耳を傾け、その実現のために援助しつつ、子どもたちによる決定を尊重してきた保育者たちがいました。この経験は、子どもたちが大きくなってもずっと記憶に残り、知的な発達においてもその基礎となっていくでしょう。

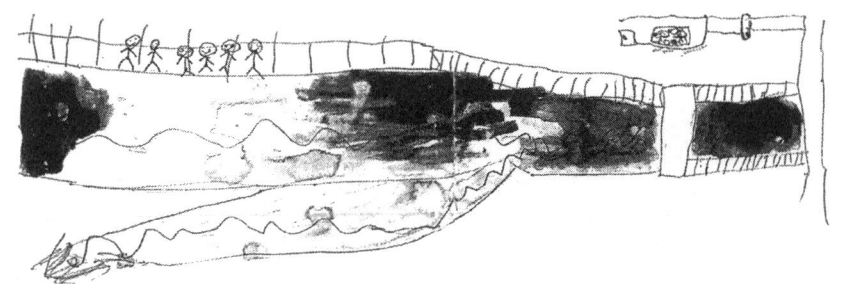

探険が進むにつれ、なかなか川には近づけなくなっていく。飯田橋の歩道橋の上から、神田川（中央奥の暗い部分）の流れる方向を確認。

「神田川と善福寺川の合流地点まで行けた」（みらい）

column　自然と出会う・命にふれる

宮武大和　北海道・トモエ幼稚園

1　ヒトリシズカの花をくるくる回すと風車みたいだよ。
2　倒木にびっしりと生えたコケ。
　　触ってみるとふわふわのじゅうたんみたいで気持ちいい。
3　タンポポのかんむりでお姫様になったよ。
4　川あそび。暑い日の水のかけ合いは気持ちいいね。
5　木登り。高い所からの眺めは最高！

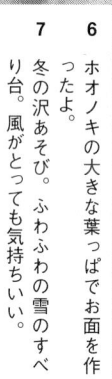

6　ホオノキの大きな葉っぱでお面を作ったよ。
7　冬の沢あそび。ふわふわの雪のすべり台。風がとっても気持ちいい。

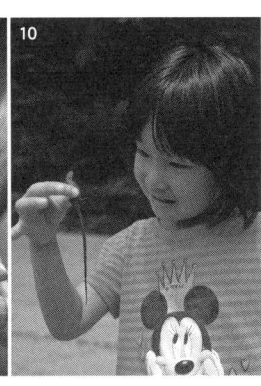

9 朽ち木の下でクワガタの幼虫を見つけた！
　この幼虫がクワガタに変身するなんてすごい！
10 カナヘビのしっぽは切れてもまた伸びてくるのは
　どうして？

8 葉っぱの妖精になって
　虫とり。

15 雨の日の外あそびにも、
　楽しみはいっぱい。
　カタツムリを見つけたよ。

14 葉っぱの裏側に、カメムシ
　のたまごと赤ちゃんを見つ
　けたよ。

11 オニヤンマのヤゴって
　こんなに大きいんだね。
12 ヤゴからトンボになった抜け殻、
　見つけたよ。
13 オニヤンマの体には、よく見ると
　たくさん毛が生えているんだね。

141

第Ⅲ部

5歳児クラスの保育をデザインする

「子どもとつくる保育」を探究する園文化

第Ⅲ部●5歳児クラスの保育をデザインする

第1章
5歳児の仲間関係の育ちを子どもの側からとらえ直す

❶ 保育者の言葉かけと子どもの実感のズレを考える
――子どもにとって"友だち"とは

1）言葉だけを鵜呑みにしない──Ⅰ期のまとめ会から

　第Ⅱ部で紹介した「化石探険」や「おばけめいろ」づくりのように、楽しい実践を展開していたのぎく保育園の西村さんですが、その裏には、いろいろと悩みがありました。
　4月末にあるⅠ期のまとめ会では、各クラス進級して1ヵ月の子どもたちの様子をつかんだところでの悩みや生活の様子をそれぞれの担任が簡単にまとめ、場面記録などにして職員全体で討議します。これをもとにしてクラスの1年の保育方針を出しています。2013年度くじら組（5歳児）では、4歳児クラスのころから集団づくりの課題になっていた"相手に思いを伝えること"を今年度も引き続き大事にしていきたいというまとめが出てきました。その時のケンカの場面記録に登場していたごうたくんについて、以下のような話し合いがされました。

　ごうたくんは、できていない自分を認められない姿がありましたが、4歳児の

> 保育者のメモ
>
> のぎく保育園の期の区分は、Ⅰ期：4～5月、Ⅱ期：6～8月、Ⅲ期：9～12月、Ⅳ期：1～3月、となっています。

終わりごろからだんだん友だちに自分の弱さを見せはじめる姿が出てきたところでした。今まですぐに相手につかみかかり暴言になっていたのが、このケンカの場面記録では「でもさ、でもさ……」と話そうとするごうたくんに西村さんは"あ〜くやしいんだな"と共感し、ごうたくんの思いを代弁していました。担任の受け止めがあると自分の思いを言えたり、葛藤する姿が増えてきたことが報告されました。また、まわりの子どもたちも、自分の経験に合わせてふり返り考えようとする力はつけてきていること。経験と合わせたふり返りをすることで、その時の思ったことや感情を思い出してごうたくんの気持ちに近づいて考えられることなどが話されました。5歳児はなんでもしゃべるので、ついついわかっているものだと思ってしまうけれど、本当のところでわかっているとはかぎらないこと。しゃべっていることをそのまま鵜呑みにして言葉だけで進めてしまうと、理解できずに話し合いの中で迷子になってしまう危険性があることが確認されました。❶

❶ 以下、主任保育者の東松錦代さんによる記録より。

2）仲間を実感させるために？──Ⅱ期のまとめ会

　Ⅱ期のまとめでは、Ⅰ期のまとめを受けて見えてきた課題や問題意識に対して働きかけてきたこと、うまくいかない悩みなどを討議し、後半の保育づくりの土台にしていきます。Ⅰ期のまとめを受けて、西村さんは「友だち観をふくらませること（友だち理解）」と「自分の中の自信＝友だちの中の自信」を意識して集団づくりをしてきましたが、夏を過ぎてもまだ「仲間の関係がなんとなく、うすっぺらい気がする」と感じていました。一方、その様子を見ていた主任保育者の東松錦代さんは、担任として、"仲間を実感させたい""思いをひきださなきゃ"と子どもたちに意識させようとすればするほど空回りをしているように感じていました。

　そんな中のⅡ期のまとめ会（8月下旬）では、西村さんから次頁のような場面記録が提出されました。東松さんは、"西村さんの言う大事な友だちってどんな友だちなんだろう？　子どもたち自身は、どういう時に友だちだなって思うんだろう？""そもそも私たち保育者はなんで言葉を相手に伝えることを大事にするんだろう"ということを職員みんなで考えたいと思い、この記録をもとに討論することにしました。その様子をみてみましょう。

場面記録　7月上旬　〈プールで〉　　　　　　　　　　　記録者：西村建哉

あん　「こうやってやるとできるのかな」
れいな「えー、ここで息を吸って」

　6月生まれのあんちゃん、れいなちゃんは仲よしです。なにやら2人であーだこーだ言いながらもぐる練習をしている様子。一方、同じように、1月生まれのひなたちゃん、かおるちゃん、ともみちゃんも顔つけにチャレンジしています。

ともみ「ともみねー、昨日お風呂でやってみたけどじょうずにできる方法を発見したんだよ！　あのねー、こーやって……」
ひなた「えーじゃあ、それ今日やってみる！」
西村　（それをとなりで見ていたかおるちゃんに）「かおるちゃんも顔つけやってみる？　たけちゃん（担任である自分）知ってるよ。本当は顔つけいっしょに練習したいんだけどすごくドキドキするんだよね」
かおる（うなずく）
ともみ「最初はドキドキするよね。あごつけは？　ドキドキする？」
かおる「あごつけとほっぺたつけはできるようになったよ」
ともみ「じゃあ、3人でがんばろう！　ともみ、今日薬あるからプール入れんけど、見に行って教えたるわ」

　数日後、プレイルームでいっしょに遊んでいるあんちゃんとれいなちゃんに担任が声をかけます。

西村　「あれ〜またいっしょに遊んでるの？　最近本当によくいっしょにいるね？」
れいな「だっていっしょにいると楽しいも〜ん」
れいな「れいなさ、もぐれるようになったんだよ」
あん　「あんも最初こわかったけどもぐって目があけれるようになったんだよ」
西村　「どうやったらできるようになったの？」
あん　「あんがもぐる前に、ふーって息を思いっきり吸ってもぐるといいかもって話して、何回かいっしょにやったんだよ。そしたら2人ともできるようになったんだよね」
西村　「考えたことを2人でやってみようって決めてもぐったらできたんだね。<u>2人はさ、ちゃんと力を合わせられる友だちなんだね</u>。（2人ともニヤニヤ）だからさ、2人のどっちかが困った時にはちゃんと助けてくれたり力を貸してくれる友だちなんだろうね」

　ともみちゃんやひなたちゃんにも、担任は「ひなたちゃんにとってともみちゃんはいろいろ助けてくれる友だちなんだね」と同じように話をしました。"この友だちはあなたのことを助けてくれる、力を貸してくれる友だちなんだよ"ということを伝えたくて子どもたちに声をかけました。その後、あんちゃん、れいなちゃんは本当にいろんな場面でいっしょにいる機会が増えたものの、ひなたちゃん、ともみちゃんは、あんまり変化はないかなという感じです。

（のぎく保育園「くじら組2013年度Ⅱ期まとめ」より、子どもの名前は変更）

〈討論されたこと〉

　幼児クラスの話は実体験がないと論議に入るのはなかなかむずかしいところが多いのですが、「自分をふり返ってみてどんな時に友だちだなって感じる？」という問いに、若い保育者たちもいろいろ発言をしてくれました。

　「いっしょにいて安心できる」「本音で話せる」「自分の素が出せる」「相手になんでも言える」「自分の悪いところも言ってくれる」「自分の弱いところも受け入れてくれる」「自分のことをわかってくれる」……。

　じゃあ、この実践にあてはめて考えてみると、いっしょにもぐって遊ぶことができるようになってまずそこにある感情は、"うれしいね""よかったね"の気持ちだよね。友だちを意識するなら、まずそのうれしさをいっしょに共感したいという意見が出ました。みんなが話してくれた「本音で話せたな」「自分の素が出せる」というものは、だれかに言われてわかるのではなくて「ほっとするな」とか「自分の思いをわかってもらった時にうれしいな」と自分で感じてはじめて"大事な友だちだな"って感じるものだなという話になりました。あんちゃんは、れいなちゃんと共感したかったのは、"うれしかったね""よかったね"の気持ちで、保育者が"君たち仲よしだね""力を貸してくれた"ってあえて言わなくてもよかったのではという意見が出ました。

　次に、担任は、"友だちだね"と言うことを意識させたくて言葉をかけていると思うのだけれど、あんちゃんたちはまんざらでもない表情なのに対して、ひなたちゃんたちはなぜ関係に変化がなかったのだろうかということを考えました。

　あんちゃんとれいなちゃんは、もともとずっと仲よしなのでお互いいっしょにもぐって遊びたい思いが強かったと思います。一方、ひなたちゃんとともみちゃんたちは、ともみちゃんのほうには"ひなたちゃんやかおるちゃんもできるように応援したい""3人でがんばりたい"思いはあったかもしれない。でもひなたちゃんのほうは"もぐれるようになりたい"気持ちはあっても、"ともみちゃんといっしょに遊びたい"までの思いはふくらんでいなかったのではないかと推測しました。保育者のかける言葉が子どもの実感と結びついていないと、ズレてしまい押しつけになってしまうね、ということが話されました。子どもたちにしてみれば、"助けてくれるから友だち"ではなくて、相手の思いがわかるから友だちを助けることができるということ、そこがすてきなこと。自分の思っていることを自分のことのようにわかってくれる友だちがいることがうれしいし、思っていることが安心して出せる友だちをつくりたいよねという話をしました。

〈職員の感想から〉
- "大事な友だち"ってなんだろう？　とたけちゃん（西村さん）だけでなく、職員間で話ができておもしろかったです。よいことも、あまり言いたくないことも言えるくらいの相手の存在は生きるうえで子どももおとなも大事だということだと思いました。子どもに"こうさせたいための保育"じゃなくて、生きるうえでもっていてほしい思いを育てたいって思いました。だから、保育者の感性（感じる心）って大事だなと思いました。
- まとめって、その時に保育者はどう思ったのか？　どう思ったからどんな言葉かけをしたのか？　など保育者自身にふり返らせ次の保育につなげる場なんだなと思った。そして、自分の保育の傾向を知る。それがまた保育者自身が「自分を知る、自分を受け入れる」ことにつながる。自己分析をしながら自分と向き合うことにつながるのだなと思った。

　このように、具体的な場面記録をもとに討論することは、その子の気持ちをどうとらえればよいのか、どう声をかければよかったのかなどを、いっしょに考える共通の素材が提示され、討論の焦点がしぼられ、話しやすくなります。
　そして、相手が子どもだからと第三者的に考えるのではなく、自分がその子の立場だったらどう思うか考えてみると、若い職員も体験にもとづいて意見を言いやすくなり、楽しい話し合いになっています。他クラスの事例であっても、共通して大事にすべきことを、職員たちは学んでいっているのがわかります。

3）自分の言葉で考える子どもたち

　西村さんも、職員集団のこのような話し合いを積み重ねることによって、保育者の言葉を先行させるのではなく、よりていねいに子どもの気持ちに寄り添う姿勢を身につけていったのではないかと思われます。そんなことを感じさせるごうたくんにまつわる出来事が、10月の記録（次頁）に残されていました。

実践　カーッとなっちゃうごうたくんをめぐって

〈10月11日〉

　運動会の数日前、昼寝後にごうたくんがともみちゃんの作った折り紙の作品を散らかしたり、おもしろがって蹴飛ばしたりしていました。担任があとからそのことを聞いて、話してみることにしました。ともみちゃんやまわりの子どもたちからも実際にあったことやその時の気持ちを聞きましたが、ごうたくんは、必死に自分を守ろうとして、友だちの言い方やまちがえたことを指摘したりして、ごうたくんの気持ちを聞いても「オレはやっとらん！」の一点張りでした。

　西村　「みんなはさ、見てて"だめだなー"って思ったり、ごうたくん、やめてほしいと思ったり、蹴飛ばしたらケガするよーって思ってたんだよね。なんでその時にごうたくんに言わなかったの？」
　ごうた　「そうだわー‼　なんで言わんかったんだ！　言わんからお前たちが悪いんだわ！」（ごうたくんの大きな声に圧倒される子どもたち）
　西村　「みんなはごうたくんに言わないのか、言えないのかどっち？」
　ゆか　（少し沈黙のあと）「だってさ、ごうたになんか話すと、なにかされるかもしれんもん」（今まで、なかなか言えなかった言葉です。この言葉が子どもたちから出てくるのをずっと待っていました）
　西村　「あー、なるほど。他の子はゆかちゃんみたいに思ったことはあるの？」

　全員の手があがる。一人ひとり理由を聞いていくと、どんどん下を向いていくごうたくん。ごうたくんも、ここまで友だちに言われたのははじめてだっただろうと思います。まわりの子どもたちもリレーの取り組みで大事にしてきた"本音でぶつかる"という経験がちゃんと少しずつだけれど、力としてついてきているなと思いました。

　東松（主任保育者）「ごうたくんはさー、今みんなが言ったことは覚えていたりする？」
　ごうた　「……」（下を向いて黙っている）
　東松　「ごうたくんってさ、いつも楽しく遊ぶしやさしい時もあるじゃん？　でも、どんな時にワー‼　って怒るごうたくんになるんだろうね？」
　はるお　「ケンカしている時！」
　ゆか　「怒る時！」
　ともみ　「何かしてさ、負けた時」
　ごうた　「……」（ごうたくんにも聞いたが、何も言えず）

　その後、担任とごうたくんは一対一で話をしました。

　西村　「ごうたくんってさ、イライラーってした時に、自分が言ったこととかしちゃったこととか、覚えているの？」
　ごうた　「うーん、覚えている時と、覚えていない時がある」

西村　「そうなんだねー。みんなも言ってたけど、どんな時にイライラーってなるか自分でわかる？」
　ごうた「みんなが言ったのとー、あとは、オレの話を聞いてくれん時とか？」
　西村　「うんうん、なるほどねー。そんなイライラしちゃって、ワー‼ってなるごうたくんが自分の中にいるよ、オレそういう時あるんだってことはちゃんと覚えとこう。で、そんなごうたくんになっちゃった時に、どうしたらいいのかは、これからみんなで考えていけるといいね。ちゃんと助けてくれるよ」

〈10月25日〉

　西村　「小学校に行くまでに自分のなおしたいとこある？」
　ごうた「オレはさー、オレが、オレがーって自分のことしか言わなくて人の話聞かん時がある。そこはなおしたい」
　ゆか　「でもさー、わたしたちもごうたくんのこと助けたいんだけど、なんて声かけていいかわからんもん」
　ごうた「うーん、むずかしい。でもみんながやさしい言い方で言ったら（普段の自分に）戻れるかなー」
　西村　「あーなるほど。"今からやさしい言い方で言うから聞いてね"って最初に言ったら、この話を思い出したり、少しだけどいつものごうたくんに戻れるかな？」
　ごうた「うーん。やってみるわ」

　その後、ごうたくんがパニックになりそうになると、落ち着かせるように話をしてくれる子や、「いっしょに行こうよ。助けたるから」と誘いに来てくれたりする子が増えていきました。

（西村建哉・のぎく保育園「2013年度Ⅲ期くじらぐみまとめ」より、子どもの名前は変更）

　言葉でうまく表現できない子に対して、いやなことをされても、怒られたりたたかれたりするので言えなかった集団が、保育者が水を向けることによって、その気持ちを発言できるようになっています。保育者は、ごうたくんはいつもこわいばかりではなく、どんな時に怒るのか気づかせ、ごうたくん本人にもふり返らせています。そして、反省や解決策をすぐに求めるのではなく、その子の思いに耳を傾け、葛藤している姿に共感しています。ごうたくんはまわりの友だちも自分を助けてくれるということを実感したことでしょう。

　このごうたくんと集団の変化の背景には、記録の中にも書かれていたように、リレーなど運動会に向けての取り組みもあったようです。次に、その経過をたどってみることにしましょう。

② 取り組みの途中で計画を修正する
──子どもたちの願いを実現するために

　のぎく保育園の運動会では、5歳児は例年、走り縄跳びの入場、リレー、竹馬、跳び箱に取り組んでいます。毎年改めてその年の子どもたちと何をしたいかを話し合って種目を決めていくのですが、年々続くので親も子も「年長になったら竹馬や跳び箱をする」という期待があるのが現実です。そんな中、2013年度は子どもたちの様子をみて、その種目の意義を問い直し、高く、長く乗ることを目標とするのではなく、友だちと合わせることを目的に竹馬の集団技（ダンス）に取り組みました。その背景には職員集団のどのような話し合いがあったのでしょうか。担任の西村さんと主任保育者の東松さんとの間のやりとりを中心にみてみましょう。

「楽しくて、かっこいい運動会にしたい」と話し合ったのに……

　西村さん自身は、運動会の取り組みのねらいとして「みんなでいっしょにがんばったという仲間意識をふくらませたい」「友だちのがんばりに気づき、やりたい思いをわかる」「仲間と力を合わせた経験をする」ということを考えていました。子どもたちは9月になって、「楽しくて、かっこよくて、思い出に残る運動会にしたい」という話し合いをクラスでしていました。やりたい種目も例年通り「竹馬」「跳び箱」「リレー」「縄跳び」「玉入れ」の声が出ていました。
　西村さんは、4月から竹馬を出して取り組んできました。最初はうまくバランスがとれず、グラグラするのがこわかったり、足の指が痛くなってしまったりして、なかなかやろうとしない子どもたちの姿もあったものの、「前を見るとグラグラしないよ」「最初は痛かったけど、何度も乗っていると痛くなくなるから大丈夫だよ」などの友だちからの励ましの声もあ

り、竹馬に向かう子どもたちが次第に増えていきました。そして、夏の終わりごろにはクラスの大方が低いものには乗れるようになり、いろいろな歩き方の技の練習もはじまっていました。子どもたちの中で竹馬は楽しい取り組みのひとつになっていきました。

しかし、だんだん竹馬に乗れるようになってきた子どもたちは、「そんな技もできんの？」「おまえ竹馬の高さ低いなー」など、友だちのがんばりを認めるどころか友だちを非難するような声がたくさん出るようになったのです。このころの様子を、東松さんは次のように見ていました。

竹馬では「オレが、オレが」の子がたくさんいて、自分ができてしまうと友だちのことはあんまり見向きもしない姿もありました。またリレーでも個の意識が強く、チームの相談に入らないので当然負けます。そして、「オレは早く走ったのに、お前が悪いんだ」とめちゃくちゃに怒ってしまう姿が多くありました。生活の場面でもだれかが困っていても、あまり気にしない姿もあり、子ども同士のつながりの薄さをどうしていくかが課題だと思っていました。❷

❷ 以下、東松錦代さんによる記録より抜粋・編集。

跳び箱はやめよう

渦中の西村さんはというと、集団的な視点からも、子どもたちの体や認識的な側面からもリレーと竹馬、そして跳び箱の３つを同時進行で進めていくむずかしさを感じていました。そこで東松さんにも相談して、跳び箱は運動会の種目からはずし、年度後半の保育の取り組みに移行する判断を８月末にしました。子どもたちの気持ちや状況を把握し、子どもにとって何が一番よいのか考えた結果の判断です。しかし、予定されていた活動を取りやめることはとても勇気のいることです。保護者にとってみれば、「なぜ？」と疑問をもつのは自然なことです。

保護者に説明した時の様子について、東松さんは、次のように述べています。

運動会前の保育の会（親との懇談会）で、跳び箱をやめた経緯を親の方たちに話したのですが、「なぜ運動会でできないのか」「うちのクラスの子たちは、どんくさい子が多いからできないのか？」「お兄ちゃんやお姉ちゃんたちの時はでき

たのにやらせられないのか？」「他のクラスの親からできないクラスだと思われたくない」「保育計画がきちんと遂行できるように指導してほしい」など、いろんな厳しい意見が出ました。

　親たちの年長の運動会への期待の大きさと、子どものつもりを裏切る形になり、そこの説明をあらかじめていねいにできていなかった園側の不十分さは反省するところでした。一方で、わが子が竹馬や跳び箱が「できるかできないか」ということ、他の子とくらべてどうなのかということに敏感になっていることも感じられる機会になりました。

　改めて、運動会の取り組みは体育的なねらいだけでなく、獲得した力を使って自分らしく表現するというねらいがあるということ、そして「その取り組みにどう気持ちをむかわせたのか？」「友だちとどんなかかわりを持ちながらできるようになったのか？」というプロセスも大切に進めていきたいということを伝えました。合わせて、取り組みを進める中で見せてくれるいろんな姿に、どんな意味があるかということを、わかりやすくていねいに伝える工夫が必要だということを引き続き課題として感じています。

竹馬の集団技への計画修正

　ところが、リレーと竹馬の2つに種目をしぼっても、竹馬に取り組む子どもたちの様子はなかなか変わりません。9月下旬の週案・月案の打ち合わせの時に、運動会の取り組みについて、担任の西村さんと話した東松さんは次のように述べています。

　リレーがまだチーム意識も話し合いもバラバラだったので「運動会のねらいや子どもたちの願いに照らして、今の姿をどう見ているの？　子どもたちは"仲間といっしょにみんなで"というところを感じられているの？」と聞きました。するとたけちゃんは、「いやぁ、竹馬も乗れる子は高さや技の練習を自分でどんどんして、まだ安定して乗れない子はそれぞれで……。仲間といっしょにというところではまだなかなかむずかしいです」という返事が返ってきました。

　運動会がもう迫っているところで「ちょっと待て、そのままでいいのか？」と思いました。保育の「ねらい」というのは、なんとなくこうなればいいなということではなくて、取り組みを通してどんなふうに子どもにつかませるか？　力を

つけるか？　なので、「たとえば竹馬なら"みんなでいっしょに"はどこで感じたの？」と聞くと、たけちゃんは「いっしょに教えたり見せ合いっこしたりはしたんですけど……みんなでがんばったにはなってないです」という答えが返ってきました。

　じゃあ、今の子どもたちの状態から"みんなでいっしょにがんばった"という達成感を感じられるようにするためにどうすればよいかを2人で考えました。

　認識や身体面の発達や力もばらつきがあるクラスで、担任としては乗せるところで精いっぱいになっているのは十分わかっていましたし、リレーの取り組みもある中、運動会目前で新たなことができるんだろうか？　無茶かな……そんな迷いもありました。でも、子どもたち自身が「楽しくて、かっこいい」と願っているのなら、そこを具体的にちゃんと感じさせてあげる運動会にしないと、達成感のないただ単に行事をこなしただけになるのはとても残念だという思いが強くありました。

　そこで思いついたのが、今いっしょに練習している子たちと技を合わせて見せるという"集団技"でした。竹馬の集団技は、今までやったことはないのですが、2、3人のチームの友だちとどんなふうに歩くかを決めて、息を合わせたり同じ動きをしたりすることで、互いのがんばるポイントも伝えやすいかなと思ったのです。

　担任の西村さんは、子どもたちの姿を主任との打ち合わせの時間に話し、いっしょに分析していくなかで、友だちのがんばりに気づく以前に、"友だちといっしょに力を合わせた！"という実感が子どもたちの中にまだないのではないか、と気づきました。そしてその感覚がたくさん実感できるようにと、東松さんが出してくれた「竹馬の集団技」のアイデアを子どもたちに投げかけてみました（次頁）。

　子どもたちは、「楽しくて、かっこいい」運動会にしたいと思っていたのですが、西村さんは、友だちを非難する子どもたちの様子をみて、「友だちのがんばりに気づき、やりたい思いをわからせたい」「いっしょにがんばったという仲間意識をふくらませたい」と力が入ってしまい、子どもたちの思いとズレが生じていたのかもしれません。たとえば、「かっこいいってどんなこと？」などと、具体的なイメージを子どもたちに問いかけてもよかったのかもしれません。

実践　息を合わせる竹馬

●子どもたちに集団技の提案をしてみる（10月1日）

　はじめに、くじら組で話し合って決めた"楽しくて、かっこいい運動会"という目標を再確認し、担任から「竹馬の技を友だちと同じタイミングでいっしょに動いたらかっこいいなー！　って思ったんだけど、どう？　やってみたくない？」と提案したのですが、みんな自信なさげな顔。

　　ともみ「みんなでやってみるのってむずかしそう……遅れそうな気がするし……」
　　よしき「そうそう！　それにさー失敗とかしたら"だっせー"とか言われるかもしれんじゃん」

というような不安の声が出た一方で、

　　はるお「でもさ、みんなちゃんと待っててくれるから大丈夫だよ！」
　　ごうた「それにさ、落ちちゃうかもしれんのなら、いっぱい練習してやれば大丈夫だよ！」

と言ってくれる子どもも。

　不安の声が出されるなかで、自分たちが一番得意な技を友だちと合わせるならどうかなと思い、今一番自信のあるものを聞いてみることにし、とりあえずやってみることになりました。そうして、まずは、①歩くチーム、②カニ歩きチーム、③ジャンプチーム（2グループ）、④回転チーム、⑤後ろ歩きチームの5つのチームができました（1グループ3人くらい）。

●友だちと動きを合わせる工夫をする
　最初は「動き合わせるよーいっせーのーで‼」「1、2、1、2……」と子どもたち同士で声をかけ合っても、ぜんぜん動きが合わず悩める子どもたちでした。「ちょっともう……ちゃんとやってよ」とぼやく子もいました。自分本位の思いが先行するなか、最初はぎこちない感じでしたが、毎日コツコツ取り組んでいくなかで少しずつ動きが合ってくるようになりました。
　自分たちが気をつけてきたことを子どもたち自身が意識できるように、何に気をつけたら動きが合ってきたのか聞いてみました。

　　はるお「あのさー。ともみやれいなの顔を見て"あ、今ジャンプする準備ができたな"って思ったから"いっせーのーで！"って声かけたんだよ」
　　めい　「あんが、どっちに回転するのかなって思って、それを見てからそっちに回転するようにしたんだよ」

　その後は、友だちの顔や動きをよく見て、かけ声をかけてタイミングを合わせるなどの工夫が集団に広がっていきました。個人で取り組んでいた技を友だちと合わせることで、子どもたち同士で話をし、技の回数やタイミングを決めたり、コツを教え合ったりする姿がぐんと増えました。動きが合ってくると、子どもたちも友だちと動きを合わせることが楽しくなってきて、「もう1回やりたい！」「たけちゃん！　今日夕方園庭で竹馬やってもいい？」と子どもたちから竹馬に向かう姿もぐんと増えました。

●クラス全体のことを自分たちで考える
　運動会のリハーサルの日、子どもたちの竹馬の様子を見ていると、"友だちを意識して合わせよう""かっこよく見せよう"と意気込む子どもたちの姿がたくさんありました。しかし、実際にやってみると、少しずつ動きは合ってきたものの、技をどの場所でやっていいかわかりづらかったり、1つの技の回数が多すぎて間延びしてしまったりする姿がありました。
　さっそく話し合ってみると、技の回数が多すぎるチームがあることに気づいて指摘する子どももいました。子どもたちは自分のグループのことだけではなく、他のグループのこともよく見ていたのです。そして全体のことを考えながら、話し合いを通して問題点をみんなで確認することができました。担任も、子どもたちがどこで技を披露したらいいのか明確になるように、スタートからゴールまでの間に3本線をひき、その線の上で技を披露するようにしました。
　そして子どもたちはグループごとに、ジャンプの回数や歩数やタイミングについて、みんなで見せ合いっこしながら意見を出し合いました。「ちょっと回数多いかもよー」「最初少なくして、最後のほうは技の回数多くしたほうがかっこいいんじゃない？」など子どもたちで考え合いながら、何度も何度も挑戦していきました。
　そして運動会本番。子どもたちは同じ技をするグループの仲間の顔を互いに見合いながら息を合わせ、すてきな竹馬の集団技を大成功させたのでした。最後に同じタイミングでマットに着地した時のうれしそうな表情がこの集団技の達成感を物語っていました。

（西村建哉・のぎく保育園「くじら組保育日誌」2013年10月1日、および「くじらだより」2013年10月2日、より抜粋・編集、子どもの名前は変更）

「楽しい」も「かっこいい」も両方実現する

　この年度の５歳児クラスは、できるようになりたいけど、失敗したらどうしよう、友だちに笑われたらどうしようという不安をもつ子どもが多いクラスだったようです。逆にいえば、友だちに支えてほしい、認めてほしいという思いが大きいともいえます。集団技を提案したのは保育者でしたが、それは、結果的にそのような子どもたちの願い・潜在的要求に即したものだったといえます。

　保育者は子どもたちの得意な技に着目し、そこを支えに安心感をもって、他の友だちに目を向けざるをえないような活動へと子どもたちを促しています。そして、どうやったらタイミングが合うかや、技を何回するのかなど、考えるポイントがわかりやすいので、話し合いでも意見が出しやすく、子どもたちは技を協同で探究していっています。クラス全体で見せ合いっこをしたり、ふり返ったり、工夫した点をクラス全体で話し合って共有したりしていくなかで、子どもたちはいっしょに竹馬に乗る数人のグループから、クラス全体にも目を向けていくようになっています。そして、息を合わせると楽しく、しかもかっこいいということがわかってきて、もっとかっこよくするためにどうしたらよいか、作戦を考え合うようになっていきます。これも子どもたちが参画し、探究するプロジェクト的活動といえるでしょう。

　竹馬の集団技の取り組みをはじめてから、リレーをしているときも、あそびの中でも、負けてくやしくて泣いている友だちに「次は勝てるかもしれんじゃん！　もう１回作戦考えようよ！　いっしょにがんばろう！」などと声をかける姿も出てきました。こうした子どもたちの変化について、西村さんは次のように感じています。

　これまで自分のことしか考えていなかったり、自分が思っていることを強い言い方で伝えてしまったり、自分だけの思いをぶつけてしまいケンカになったりすることが多くありました。自分の思いが先行しすぎてしまったりする子が多いクラスだったので、この集団技に取り組むことで、友だちに関心を向け、"相手にも気持ち（思い）がある"ということに気づき、そして"相手はどんな気持ち

(思い)なんだろう?"と自分以外の気持ちにふれたり、友だちの気持ちを考えてみるきっかけづくりになったと思います。そして、友だちと気持ちを合わせてひとつのことに取り組むおもしろさを感じることができたようです。

　運動会後も、友だちの技をやってみたりして、子どもたちは引き続き竹馬を楽しんでいました。跳び箱の取り組みは、子どもたちと相談して12月くらいから仕切りなおし、3月に跳び箱発表会をすることになりました。その間、劇づくりで仲間といっしょに考えたり力を合わせたりする体験から仲間意識がさらにふくらみ、跳び箱もいっしょに練習したり励ましたり、みんなで喜び合ったりする姿が見られました。当日は子どもたちは緊張していましたが、自信にあふれた表情で跳び、その子を見守る友だちのまなざしもとても真剣なものでした。

　この事例のように、保育者の願いと子どもたちの思いがズレることはめずらしいことではありません。そんなとき担任保育者は、うまくいかないなと感じていても、とにかく自分の立てたねらいを達成するためになんとかしようとがんばってしまいがちです。しかし、他の職員といっしょに保育を検討することによって、客観的に子どもたちや保育をみつめ、子どもたちの願いに立ち返り、ときには計画の変更という決断にふみきることもできるのです。

のぎく保育園の保育づくり──世代交代を意識した職員集団づくり

●週案・月案打ち合わせ──主任と相談しながら計画をつくる

のぎく保育園では、開園当初の職員が次々と定年をむかえる中で、若い職員が増える一方、中堅職員が結婚などで退職することが続きました。そのような世代交代の中で、今まで大事にしてきた保育を引き継ぎながらも、新しいメンバーでどうやって自分たちの保育をつくっていけばよいのかと試行錯誤してきました。

自分たちの若いころは、先輩たちの保育を見ながら学べていましたが、新しく入った職員たちは経験のある先輩と組める機会がほとんどなく、自分たちで学びながら保育の引き出しを増やしていくことはむずかしいことでした。そして、経験年数が少し上がると幼児担任がすぐにまわってきます。担任しか味わえない保育の"ここ、おもしろい！"をつかむ前に、疲れきってしまうという現実がありました。担任たちは、なんとか子どもの姿はつかめるのですが、それがどういうことなのか、どんな力につながっていくのかを分析していくことがむずかしそうでした。私は、担任が子どもの姿から悩んで考える作業が保育のおもしろさの一つだと思っているので、外からレールをひくのではなく、担任が自分で自分の保育を考えられるように援助しようと思いました。

そこで幼児クラスが月に一度、週案・月案を出す時に、主任が担任といっしょに一ヵ月をふり返り、保育の中身や悩みを聞く時間を設けました。計画段階から主任といっしょに相談しながら保育をつくっていくことができます。幼児担任がはじめての保育者もプレッシャーをひとりで背負いこまなくてもよくなりました。

●休憩室でのおしゃべりから

年度はじめに年間計画を立てそれに沿って保育を組み立てていきますが、子どもたちが願っていることをリアルタイムで保育につなげていくためには、子どもの願いがどこにあるかをつかむ視点と、そこからの保育を自分で（乳児クラスなら、担任間で話をしながら）軌道修正できるかということが重要で、そこを支えるのは、主任や園長だけでなく、職員集団の関係も大きいと感じています。

のぎく保育園では、幼児担任は休憩時間と事務時間を合わせて毎日２時間保障されており、「今日さ、こんなんでさ」「あーじゃない？」「こーじゃない？」と休憩室で子どもの話ができる職員関係があります。いろいろなタイプの職員がいて、「すごい！」「あんなふうに保育をしてみたい」とお互い刺激されたりします。子どもたち同様、おとなもそうやって集団が磨かれ保育も磨かれていくのだと感じます。会議の場などでいきなり指摘されると何も言えなくなることがありますが、休憩室でならいろんな人の話を聞きながら、そんな見方もあるかと少し視野が広がります。また、この職員はこんなところで今悩んでいるんだということがわかると、まわりも「あれからどう？」と声をかけられるし、悩みが大きくなる前に少し軌道修正がかけられます。

●次年度へつなげる──みんなで考え、みんなでつくる保育

年３回のまとめ会と年間計画総括で話し合った内容は記録に残し、また次の担任が年間計画を見直したり保育をふり返られるようにしています。これからも、保育は、担任だけががんばるものではなく、みんなで考え合い、つくっていくものというのぎくの伝統を大切にして、保育を積み上げていきたいと思います。

（東松錦代）

第2章
5歳児のまなざしはどう深まり広がるのか

1　おとなのモノサシをこえる──「できること」より大事なこと

1）楽しさと挑戦のプール

子どもとともに目標を立てる

　プール・水あそびは、心身を解放してくれます。楽しく遊ぶことを基本としながらも、「顔つけ」や「イルカジャンプ」など、年齢に応じて目標を決めて取り組み、プールじまいのときに、一人ひとりプールでできるようになったことや、がんばったことなどを発表するという行事を行っている園も多いのではないでしょうか。日常的・継続的な活動をどのようにしめくくるのか、日常の活動と行事が連続した取り組みを考えてみましょう。

　第Ⅱ部に登場したこすもす保育園も、保育計画の中には、「伏し浮き」に取り組むということは記載されています。しかし担任の富田さんは、子どもたちはどう思っているのかをまず聴いてみています。

　7月1日（月）にプール開きをし、ほとんど毎日のようにプールを楽しんできましたが、はじまったころは、あきと、ゆくお、ようた、たいち、けんご、めぐ

みは少々遠慮気味な遊び方でした。どんなふうに保育をつくっていこうかなと、様子をみながらのスタートでした。

7月2日に、子どもたちと7月のカレンダーづくりをいっしょにした日、プールのことについても「今年のプール、どんなふうに楽しもうか」と話をしました。スイミングに行っている子たちに「こすもすのプールって、スイミングのプールと違う？」とたずねると、「違うよ、スイミングは泳ぐ練習するけれど、こすもすのプールは、友だちとかと遊べる」と言います。一人ひとりに「今年プールで何かやってみたいことある？」と聞いてみると、「カッパッペも言ったけど、『伏し浮き』やってみたいな〜」と言う子がいっぱいいました。

「伏し浮き」は、プール開きのときに、カッパッペがやってみせてくれ、子どもたちのあこがれにもなっています。子どもたちが本気になって挑戦したくなるような目標を、保育者から間接的に、イメージとして提供しているといえます。

子どもたちと話をする中で、それじゃあ、今年のプールは、

① できたらみんなで「伏し浮き」ができるように練習してみる。
② こすもすしかできない楽しいあそびをみんなでしよう。

の2つを目標として、夏の間プールを楽しむことにしました。

取り組みとしては、プールあそびの時間を前半と後半にわけて、前半に目標の②のことをやり、後半は自由あそびにしてその中で①のことをやってみる、というふうしてきました。

前半のみんなのあそびの時間で盛り上がると、後半の自由あそびの時間もノリノリになり、そんな時保育者がいろいろやってみせると、すぐその気になってまねしてやってみせる姿に。「ミテテ」の声もあちこちからかかるので、そんなふうにやる気になった時に一人ひとりとじっくりかかわってきました。

けんごは、「イルカジャンプできたからミテテ」と言った時「きっと今日、もぐれるわぁ」と、いっしょに手をつないで「1・2・3」ともぐってみると、本当にその日もぐれるようになり、「けんご、もぐれた！」と大喜び。いっしょに見守っている友だちが「いいねえ」なんて言ってくれるとますます励んでいく姿

保育者のメモ

カッパッペは、こすもすのプールに住んでいるといわれる架空の生きもの。河童に属するもので人間の言葉も話せます。ここ2、3年、毎年プール開きやプールじまいの時に現れます。

❸ 以下、富田靖子「かぶら組夏の保育のまとめ」「かぶら組半期のまとめ」「5歳児の『ゆれる心』に寄りそって」(2013年度)などより抜粋・編集、子どもの名前は変更。

がありました。

　あきとくんたちは自分がもぐれるようになると友だちの練習につきあっていて、少しできると、自分のことのように報告にきていたのが印象的でした。

「違うけどいっしょ」──「プール終わり」で何をやるか

　そして、8月21日、プール終わりのときに何を披露するか、話し合うことになりました。

　「そろそろ考えておこうね」とプールの終わりの日について話し合いをしました。「プール終わり、どうする？　どんなことしたい？」と聞くと、「伏し浮きはどう？」と数人の子から意見が出ました。

　　富田　「伏し浮きね〜。そうかあ、プールはじまった時みんなでできるようになったらいいねって話したもんね〜。で、できそう？」
　　あきと「エッ？　ぼく、できない」
　　りょうじ「アッ、そっかー。じゃーどうしようねー」

しばらくして、

　　ちはる「ちはるね、思うんだけど、あきととか、ゆくおとか伏し浮きはできないかもしれないけど、ちはるたちといっしょに、ずーっとプール練習してきたでしょ？　そのことみんな知ってるでしょ。ちはるは伏し浮きできたけどね、ちはると、あきと、ゆくおは同じだと思うんだよねー」
　　れな　「れなも、ちはると同じこと考えたんだぁ」
　　まさみ「まさみも。ちはるの言ってることは、いっぱい練習したってことがいっしょってことでしょ」

　そうだね！　そうだね！　っていうようなことがいっぱい出てきて、

　　れな　「ネエ、2012のだいこん（4歳児クラス）の時より、みーんな、プール

> 保育者のメモ
>
> こすもす保育園では、プールの最後の日を「くじらまつり」と呼んでいて、幼児クラスみんなが見ている中で、一人ひとり自分の技・表現を披露するのが恒例になっています。子どもたちと話をしている中で、「夏祭り」などのイメージと違うのに「くじらまつり」ということがピンとこないようで、「プール終わり」と言ったほうがイメージできるということになり、このときの5歳児の話し合いの中では「プール終わり」という言葉を使っています。

楽しめたんじゃんねー。だから、そのこと2013のかぶら（5歳児クラス）はやったらどう？」

　ほーっ、そりゃいいねーっていうことになり、保育者は、「今、ちはるやまさみやれなが言ってくれたのは、みんなプールの時は、伏し浮きができるようになりたいって思って練習してたってことだね。それはいっしょだったってことだよね。それでも、一人ひとりできるようになったことは違うんだけどね。でも、練習したり楽しんだりしたのはいっしょだってことだね。"違うけどいっしょ"だったってことだね。だからだいこんの時よりかぶらになって楽しめたこと＝練習したこと、がんばったことをやってみたらってことだね」と子どもたちの思いをまとめ、確認しました。

　そして、決まったのが「だいこんの時よりかぶらになって楽しめるようになったことをやる」「自己紹介も自分たちでする」というものでした。

　そしてこの日決めた自分の技に向けて、思い切り楽しんで最後はこすもすのプールにさよなら、ありがとうをしたいと盛り上がった子どもたちでした。

　披露したい技は、「もぐり」（あきと）、「もぐりワニ」（ゆくお、たいち、みやこ）、「イルカのジャンプ伏し浮き」（9人）、「伏し浮き」（5人）、「イルカジャンプ」（2人）、忍者の修行（シャワー）でした。

　みんなの前で「それ、できない」と言えたり、伏し浮きではなくて自分たちでネーミングした独特の技「もぐりワニ」をしたいと自信をもって言

えたりするのは、安心して自分の思いを出せ、それを受け止めてくれる集団関係ができているからでしょう。そして、伏し浮きができることがよいことだというメッセージが暗黙のうちに支配しているのではなく、みんなで楽しく遊ぶなかで、友だちを見ながら伏し浮きにもちょっと挑戦してみようと思えるような活動が展開できていたのだということがわかります。

しかし、富田さんが、一人ひとりの披露する技について本心から受け止めることができるようになるまでには、保育者としての揺れもありました。

みやこちゃんの思い、保育者の葛藤

プールが大好きなみやこちゃんは、今年もいっぱいプールあそびを楽しみ、もぐりもジャンプもなんなくできるようになってしまい、夏の終わりにはきれいな伏し浮きも見せてくれるようになりました。伏し浮きを友だちにも教えてあげたりしている姿もあり、何人かの仲間で、いっしょにできるようになったことも、とても達成感があるように見えました。富田さんは、プール終わりにはきっと、伏し浮きをしたいと言うだろうと思っていたら、悩んだあげくに「もぐりワニ」と言ったのです。

みやこちゃんならきっと「伏し浮き」って言うだろうなあと思っていたのですが、「プール終わりで何やる？」と一人ひとりに聞いていくと、わっ、びっくり！　なんとみやこちゃんは、「えーと、どうしようか……迷うけど……『もぐりワニ』」と言うのです。みやこちゃんの心も揺れているのだろうと思い、思い切ってみんなの中でみやこちゃんに聞いてみたのです。

富田　「みやこちゃ～ん、何に迷ってんの？」
みやこ　「だってさ、みやこみんなの前で何か言うのさ、ドキドキするしさ、ゆくおくんも一人になっちゃうんだもん」
富田　「そーゆーことねえ。でもイルカジャンプして伏し浮き見せたいと思わないの？」
みやこ　「ウーン……でもさ、みやこ、みんなの前で大きな声で言えるようになりたい！」

保育者のメモ
自分たち5歳児クラスだけでなく、幼児クラスのみんなや職員が大勢プールを取り囲んで見ている中で、自分の名前と見せる技を言うので、緊張するのです。

そのあと迷いはするものの、当日はやはり「もぐりワニ」をやることに決めたみやこちゃんでした。まわりの子どもたちはどう思うのかも聞いてみると、何人かいろいろ言ってくれました。たとえば、れな「いいんじゃないの。みやこがやってみたいことで。それに、みやこが大きい声で言いたいってことはさ、みやこがかぶらになったからやってみたいことなんじゃない？」

　みやこちゃんは、ごっこあそびやファンタジーの世界が大好きです。でも、人前で自分の話をすることはとてもドキドキしてしまうタイプで、いつも何か意見を求められたりすると、話し出すまでに時間がかかるのです。
　つい、せっかくだから伏し浮きも見せたら？　と思ってしまう富田さんでしたが、子どもたちの話を聞いて、みやこちゃんが、プールでもぐったりジャンプしたり、とっても楽しんだことがわかりました。そして「大きな声で自己紹介をやってみたい」という自分にとってのむずかしいことへの挑戦をあえてしたいというみやこちゃんの心の成長を感じることができました。
　ただ、その時は富田さんはまだ、伏し浮きも捨てきれず、みやこちゃんの言ったことをそのまま受け取ってよいのか葛藤します。

　そこまでの思いがあるなら、せっかく伏し浮きもすてきなんだから、伏し浮きもして、紹介もやってみる方向で、もうひと押ししたほうがいいんじゃないか……。でも迷ったあげくに「もぐりワニ」を選んできたのだからそこにはもう一つ何かあるのではないか？　どうしよう……悩む……

　そして、富田さんはみやこちゃんの話してくれた「ゆくおくんも一人になっちゃうんだもん」にひっかかり、その日の夕方、みやこちゃんのあそびにいっしょに入れてもらい、作りものをしながらまた話をしました。

　富田　「みやこちゃん、ゆくおくんのこと心配してくれるんだ。やさしいなあ」
　みやこ「だって、ゆくおくんが好きだし、赤ちゃんの時からいっしょだし」
　富田　「みやこちゃんがいっしょだったら、ゆくおくんも元気出るよねえ。2人仲よしだしね」
　みやこ「ゆくおくん、そう言ってたしね」

富田　「へえ～。そんなこと2人で話してるの？　本当に仲よしだねえ。みやこちゃんはどうなの？　ゆくおくんといっしょにやるって？」
みやこ　「みやこね、ゆくおくんがいてくれると、元気出て、ドキドキするのも小さくなってさ。何か言うやつもさ、できそうなんだよぉ」
富田　「だったらさ、ゆくおくんといっしょに出て、ゆくおくんは『もぐりワニ』で、みやこちゃんは『伏し浮き』っていうのもいいんじゃなあい？」
みやこ　「ウ～ン、でもさー、それだと、ちょっと無理だと思う。だってさー、大きい声で言いたいから、言ったらイヤーってなって（それで精いっぱいで）、『伏し浮き』はムリ。やったことあるもん」
富田　「へえ～。確かめてみたんだあ。大きい声のほうをがんばりたいんだね。今度は」
みやこ　「ウン」
富田　「そうか、ゆくおくんがいるからがんばれそうってことだったんだね」

　みやこちゃんにとっては、ゆくおくんがいるからがんばれそう、でも、大勢の前で大きい声で自己紹介することと、伏し浮きと2つもがんばれない。一番がんばりたいことは、大きい声で言うこと、そんな自分なりの目標がしっかりあって、保育者の言う通りにはできない、と言い切る5歳児は、すてきです。

　そして、みんなにもみやこちゃんとのこの話を伝え、みやこちゃんがどんな気持ちで今度自己紹介をがんばるかも伝えました。「みやこさ、そーゆーの、ドキドキするのに、わたし、すごいなって思った」ときみかちゃんをはじめ、数人の子が声をかけてくれて、当日に挑んでいきました。
　プール終わりも大成功に終わり、クラスでごはんを食べながら反省会をしていると、「みやこが言ったとき、大きな声だったから自分も『ヤッター』って思って、うれしくなったよ」とまさきくん。「みやこさ、ドキドキしてて、でも、今までで一番大きい声出てて、かっこよかった」とかえでちゃん。これには、みやこちゃんが一番うれしそうでした。仲間の存在の大きさを感じ、楽しいあそびの大切さを学びました。

2）実践をふり返り子どもを再発見する

「自信」は仲間と育むもの

　プール終わりのあと、みやこちゃんは自分から人間関係を広げていくように変わっていきました。「年間まとめ」の実践報告では、富田さんはまず、1月に見られたみやこちゃんの成長を確認しています。劇の立稽古をはじめてホールでしたときに、ゆくおくんがドキドキして、自分の思ったようにできずに泣きながらもがんばろうとしていたときに、みやこちゃんがさりげなく励ました場面を取り上げて、次のように述べています。

　今でも忘れられないのですが、泣きながらもがんばろうとするゆくおくんに対し、"ゆくおくん、いっしょにがんばろうよぉ"と言わんばかりに大きな声ではりきろうとするみやこちゃんのあの姿、あの顔、私にはなんだか"自信にあふれている"ように見えて……。「自信」って、ひとくちで言ってしまえば簡単なんだけど、なんて言うか奥が深いっていうのか、「自信」って何だろう？　って、改めて考えてみたくなってしまった出来事でした。

「自信」って、できることを増やして、そのことをほめたり、みんなで認めたりすれば自信になるかといえば、そうでもないような気がしています。今回のまとめ、「自信」について探ってみようと思います。

　富田さんは年間のまとめを書くにあたって、もう一度8月21日の話し合いの記録（本書162頁）を読み直して、子どもたちが、できる－できないではなく、いっしょに練習をいっぱいして楽しかったことに共感している発言を確認します。その中で顔つけが少ししかできないゆくおくんが「もぐりワニ」をやりたいと自信をもって言ったあとの、みやこちゃんの「もぐりワニやる」「みやこちゃん、みんなの前で大きな声で言えるようになってみたい」という発言だったことに改めて気がつきます。そして、次のように書いています。

　私には、今、この時「ありのままの自分でいいんだよ」「どんな自分でもみんな仲間だからね」みたいなメッセージが伝わり合ったんじゃないかなあと感じられるのです。だから、みやこちゃんも、ずっと思っていたであろう自分の本音が出せちゃったのではないか、と今は思います。

　そして、8月下旬のプール終わりの会を再度ふり返っています。

　自分からあまり人間関係を広げていく感じがしなかったみやこちゃんが、自分から広げはじめてきたのは、みやこちゃんがドキドキするタイプの子なのに大きな声でセリフが言えてがんばったなあと認めてくれる仲間の存在と楽しいあそびがあったからではないかとプール終わりの会のあとは思っていました。が、今改めてふり返ると、そのことも大切なのですが、それだけではない、"できたこと"だけじゃない、できるようになりたいのにうまくいかないくやしい気持ちとか、葛藤して不安になっている心に共感してくれる仲間の存在がとても大きかったのではないか、ということを感じています。

5歳児ってすごい！

　このような、みやこちゃんの姿を中心にふり返った5歳児クラスの1年

間の実践のまとめに対して、他の職員は次のように受け止め、討論しました。

・よいところ、悪いところも含めた"ありのままの自分"をお互いが受け入れていくなかで、安心できる気持ちのいい友だち関係が築かれていくんだなと感じました。
・みやこちゃんは自己紹介に力を入れることを選択した。このことをわかるよーと受け入れたおとなの価値観が大切だったのではないか。
・(もぐりワニを) やってもいいんだよね、と共感してくれる仲間の存在が必要だと思う。
・自分の決めたことが仲間の支えで実現できたこと、それを仲間に認められて「自分ってやっぱりいい」と思えたこととやりきったことで自信になったのではないか。

そして、こうした職員の話し合いを通して確認し合えたことは、以下のことです。

・5歳児は、楽しい体験の積み重ねのなかで、できるようになった内容は違っていても、お互いにがんばったり支え合ったりしていたことはわかっていて、そのことはみんな同じというように、共通点を見出して共感し合えること。
・一般的に5歳児の課題と言われるようなことよりも、自分なりに本気でがんばりたいことを、本音を出して目標を決めること、そしてそれをまわりが受け止めることが重要であり、おとなのモノサシで評価しないこと。

このように、実践をふり返り、期のまとめや年間まとめをし、職員間で悩みや疑問に思っていることを話し合うことによって、子どもから学ばされ、子どもや保育についての理解が深められ、職員間でも共通理解が生まれていっています。年度のはじめのころには確信がもてなかったことも、子どもたちの1年間の成長をみながら確認できることもあります。また、そのまとめと話し合いのもとには、日々の子どもたちとの対話を書き留めた保育記録が活用されていることがわかります。

2 "平和"について考える子どもたち

1）運動会のオープニングを任されて
――「かぶら」にとっての"平和"とは

　5歳児は、社会の出来事にも目を向けるようになり、そのことから自分たちの生活をふり返りながら認識を広げていきます。子どもたちがどのように社会の出来事や抽象的概念を理解・認識するのかは、それまでの生活経験や話し合いの質によって違ってきますので、5歳だからどうということは、一概には言えません。保育者と子どもたちとの対話の中で、子どもたちの声にじっくり耳を傾けることによって、子どもたちの考えていることが見えてきて、保育者にとっても発見があるでしょう。

　さて、こすもす保育園では、運動会を前に担任の富田さんが「小西さん（園長）から、かぶらさん（5歳児クラス）が今年も運動会のオープニングをやってくれないかと頼まれたのだけど、どうする？」と子どもたちに話をすると、「やりたい！　やりたい！」ということになりました。

　このオープニングは、毎年5歳児クラスが考えるのですが、富田さんは、ぜひ"平和"のことを取り上げたいと思っていました。このクラスでは4歳児のときに富田さんが東日本大震災の被災地の保育園を訪問したときの話をしたり、重い持病のある子どもがいたので絵本を読んで命について考えたり、ニュースになった三宅島の噴火や熱中症のこと、クマが食べるものがなくて民家の近くに出没していることなどを、朝の会で子どもたちが話題にしたりして、折にふれ、社会や命について考えてきたからです。

　富田さんは、普段の生活の中でどのようなときに平和を感じるのか、自分にとっての"平和"とは何かということについて、子どもたちはどのように考えているのだろうと思い、子どもたちに聴いてみることにしました。❹

❹ 以下、富田靖子「かぶらぐみ日誌」（2013年9月19日）より抜粋・編集、子どもの名前は変更。

いろいろな話し合いをたくさんしてきたクラスだから、共感できる話ができると思ったのです。子どもたち一人ひとりが考える"平和"について、朝の会で発言してもらいました。

父母が仕事で多忙な生活を送っている家庭の子どもは、「家族みんなでごはんを食べるとき、からだがとけちゃうくらいほっとする」と言いました。

いつも兄弟ゲンカばかりしている子どもは、「おにいちゃんがいてくれること」だそうです。「ケンカしているときは、おにいちゃんのこと嫌いだけど、おにいちゃんがいなくてケンカできなくて寂しかった。もしかしたら、ケンカできることは、幸せかもしれない」と気がつきました。

入院していたことがあり、病気と闘っている子は「楽しく生きること」と答えてくれました。

「みんなと遊べること」「パパやママがいて、大好きなこと」「竹馬を練習しているとき。パパやママ、おじいちゃんたちが応援してくれるのでがんばれる」「みんなが楽しく生きていけること。そのことは、戦争をしない、人間を死なせない、人の命を大事にする、自分の命を大事にするっていうこと」「日本人や外国人が住んでいる地球がこわれないこと」などの「平和」が出されました。

そこで、みんなの発言を織り込んだ"かぶらの平和"という詩をつくりました。富田さんの最初の提案は「かぶらの平和。みんながいること。家族がいること。いっしょにごはんを食べること。いっしょに遊ぶこと。世界中の人が平和でありますように」だったのですが、子どもたちから、それがずっと続かなくてはだめではないか、という意見が出て、「いっしょに遊ぶこと」のあとに「それが、ずーっと続くこと」がつけ加わりました。

おれの『平和』は、
みんながいてくれること。
みんなと遊べること。
みんなと竹馬のったり、
ブロックでかっこいいの作って
ごっこしたりして、
それがすっごく楽しい。
ず〜っと続いてほしい。（たいち）

おれの『平和』は、
みんなが楽しく生きていけること。
そのことは、戦争しない・
人間を死なせない・
人の命を大事にする・
自分の命を大事にするっていうこと。
スイミング行って疲れたから
アイス買ってもらったりする時、
幸せだなあ〜って思う。（けんた）

抽象的な概念についても、子どもたちがどのようにとらえているのか、聴いてみなければわからない、聴いてみると意外と日常的な平凡な生活の中にたしかな平和を感じているのだということがわかってきます。子どもたちがこんなふうに感じているんだということは、保育者にとっても発見です。また、おとなの提案に満足せず、自分たちの言葉をさらにつけ足しているあたりは、「参画する」5歳児のすばらしさを感じます。

2）エイサーの踊りをおとなと子どもとでいっしょにつくる

　オープニングでは、その詩をみんなで群読し、担任保育者が提案した「エイサー」を踊ることになりました。エイサーは、富田さんが魅せられて、"平和"について話をしてきた子どもたちといっしょに踊りたいと思い、小学生が踊っているビデオを購入し、エイサーの本物の太鼓と衣装とを借りて研究しました。ビデオを子どもたちといっしょに見たあと、ビデオから子どもたちのやりたそうなところをピックアップし、スキップを入れるなどアレンジして、まず担任（富田さんとパート保育士）2人で子どもたちの前で踊って見せたのです。リズムやスキップ、側転など、体を動かすことが大好きな子どもたちは、目を輝かせて見て、自分たちも踊りたいということになりました。富田さんは、平和を願うエイサーの踊りや太鼓、衣装の由来を子どもたちに話し、子どもたちも平和の絵（前頁の絵）を描いた自分の太鼓を一人ひとり手づくりしていきます。

　担任が踊って見せると、子どもたちから、「そこはかっこ悪い、もうちょっとかっこよくして」とダメ出しが入ります。そのたびに、「これはどう？」と踊りなおす担任たち。どちらが担任だかわからないような感じで、いっしょに踊りをつくっていっています。子どもたちはリレーのチームと同じ2グループに分かれてパート練習し、自分たちが"平和の風"になって踊ろうと意気込んでいました。それぞれのチームの踊りを見せ合いっこしたとき、「白チームみたいにできなくて、くやしい」と泣き出す赤チームの子がいたほどです。

　この実践からは、おとなが大事にしたい価値を本気で子どもたちに伝え

ることの大切さを知ることができます。そしてそれを伝える際には、子どもの認識や感覚をふまえて、あくまで子どもたちが主体になるように配慮しつつも、おとなも口だけではなく、本気でやって見せること、カリキュラムを保育者と子どもたちでいっしょにつくっていく姿勢の重要性を学ぶことができます。

かぶらの平和

みんながいること
家族がいること
みんなでごはんを食べること
みんなであそぶこと
それが、ずーっと続くこと
世界中の人が
平和でありますように

こすもす保育園の保育づくり——園内研修の工夫

●研修時間の確保

　こすもす保育園は、クラス担任をしている保育者には月1回11：30出勤の日（遅遅番）があります。3時間の研修時間をとったあと、15：30からクラス保育に入ります（フリーの専任保育者が代わりに朝からクラスに入る）。保育計画づくりや保育準備、保育のまとめなどに研修時間が使われます。毎日出しているおたよりは、A4の大きさ1枚に写真を入れてその日の出来事などを書いていますが、幼児クラス担任は昼の休憩時間を除くと30分ほどの間に作成しなければなりません。月1回でもまとまってとれる遅遅番の研修時間は貴重です。

●年代に合わせた研修も

　法人全体では「ベテラン研修」「年齢別研修」などを行っています。各年代ごとのニーズに合わせた学習を行うことで、それぞれの不安や悩みがより出しやすく、共感しやすい場となっています。最近の「ベテラン研修」のテーマは、「わたしが働きはじめたころ」（2013年度）、「福祉会（法人）の保育に何を引き継ぎ積み上げるのか」（2014年度）などで、それぞれ1ページずつ文章を書き、冊子にまとめていきました。この冊子は全職員に配られ、若い職員にも読まれていきます。

●実践ビデオを見て少人数で話し合う

　複数ある同法人の園は保育形態が多様なので、法人全体での実践交流・検討会も行うようになりました。担当年齢ごと少人数に分かれ、日常保育のビデオを見て話し合うのです。ある年、幼児クラスの話し合い場面をビデオに撮ったとき、5歳児クラスではキャンプで何の係をするかについて話し合いをしていました。それぞれ「やりたい理由」「やりたくない理由」などを長い時間話し合っていました。「キャンプファイヤーがこわい」という発言については、どうしたらこわくなくなるか考えていくなかで、グループで手をつないだらよいということで本人も納得しました。その子は自分の思いをみんなに聴いてもらって不安も小さくなり、グループでやりたいことが一つにまとまりました。徹底的に子どもの意見に耳を傾け、じっくりと子どもの思いを聴くことの大事さが確認されました。

●実践をふり返る「まとめ」の討論

　実践をふり返る園内研修として、「期のまとめ」は乳児・幼児に分かれて、年度の「中間まとめ」「年間のまとめ」は全体で行っています。毎週1回、午後の3時間を使って職員会議を行っていますが、「期のまとめ」は職員会議2回分、「中間まとめ」と「年間まとめ」は職員会議3回分を使います。職員会議の中で効率的に進めることと同時に、若い職員も含めて積極的に討論にかかわってほしいという願いから、みんなで事前に各クラスのまとめの資料を読み、コメント用紙（わかったこと、質問したいこと）を提出して、それにもとづいて討論しています。まとめの視点や討論の進め方については、若い職員も入った学習部（幼児クラスから1人、乳児クラスから2人、給食、保健、主任）で検討し、司会も担当します。本文で紹介した5歳児クラス（2013年度）の「まとめ」の討論で司会役になった若い保育者は、そのために5歳児の発達や保育ついていろいろ本を読んで臨んだそうです。

(小西文代園長・福田昭子主任保育者からの聞き取りより)

第3章
保育者も安心して探険できる園文化を育む

1 「探険」文化がつくられていくプロセス
――5歳児クラスの「お泊まり会」をめぐる試行錯誤から

1) 5歳児の問題は園全体の問題

　第Ⅱ部に載せた荻窪北保育園の実践は、2006年に公立保育園の運営を受託して9年目の実践です。川探険の実践に流れていたのは、子どものつぶやきが出てくるのを耳をすませて待ち、そこから保育をつくっていこうというていねいさと、行き先も行き方も成り行き次第の「探険」に保育者自身も参加していく大胆さでした。こうした保育は、岩井さん・本郷さんという2人の担任の個性によるところも大きいですが、「子ども観」と「保育観」を探り共有していく園ぐるみの取り組みとも深くかかわっていたようです。

　荻窪北保育園では、園の状況にあった記録方法を模索し、記録にもとづいた学習会の取り組みを続けるなかで、次第に職員の子どもを見る視点も変わっていきます。ていねいに一人ひとりをよく見るようになり、普段目立たない子のなにげない言葉や行動にも意味を感じ、どの子も肯定的に見ていこうという姿勢が共有されるようになっていったのです。

175

しかし、一人ひとりの子どもをていねいに見て、理解を深めていくだけではこえられない問題がありました。5歳児クラスの保育の悩みです。クラス運営も困難になるほどで、5歳児保育の問題は、担任だけではなく園全体にとっても大きな課題でした。現園長の大久保光枝さんは、次のように述べています。

　子どもたちの姿を出し合い、自我の発達を学ぶ中で見えてきたことは、子どもたちは、自己内対話する力を十分獲得しないまま、5歳児クラスをむかえているということ。そしてその力を育てるには、子どもたちの行為を受け止めるだけではなく、子どもたちの興味あることから広げた活動を展開することがカギだということでした。❺

　個々の子どもの姿をていねいにとらえるだけではなく、保育の展開まで含めた実践の中身を具体的に検討する必要に迫られ、年1回、秋のお楽しみ会や運動会といった大きな行事が終わった12月に全園で5歳児クラスの実践報告だけを聞いて話し合う「5歳児実践報告・学習会」が、2009年からははじまりました。

❺ 以下、現法人が運営を受託して以降の荻窪北保育園の保育をふり返った大久保光枝さんの記録、各年度の「お楽しみ会」「お泊まり会」報告集・「5歳児実践報告・学習会」記録など関連資料から抜粋・編集したものと、職員のみなさんの話をもとに構成、子どもの名前は変更。

2）一体感と達成感を経験させたい

　第Ⅱ部に掲載した「川探険」実践のハイライトの一つは、なんといっても9月の「お泊まり会」です。しかし、お泊まり保育は、伝統的に行われていたものではなく、公営時代以来の恒例行事だった「お楽しみ会」に、保育園に1泊するという活動を加えた形になって4年目の実践でした。参加する子どもたちは5歳児クラスだけですが、他のクラスや給食室、保健の職員などの協力が必要で、準備段階から当日夜の語り合い、終わってからの反省会や報告集づくりなど、クラスの枠をこえて職員同士で議論し合う機会がたくさんある園ぐるみの行事となっています。このお泊まり会をめぐって、園でどのような議論が行われ、川探険のような実践が生まれてきたのか、そのプロセスをみてみましょう。

①……**保育者がしかけたファンタジーの世界で力を合わせる**（2009年度）
　　――お泊まり会前身の「お楽しみ会」

　岩井さん・本郷さんの「川探険」からさかのぼること4年。この年度まではまだ宿泊は行われていませんでした。5歳児クラス担任は岩井さんと採用されて2年目の實方亮輔さん。2人ともはじめての5歳児クラス担任ということもあって、10月末に行われる恒例の「お楽しみ会」は、例年にならって宝探しにしようと思っていました。

怪盗kあらわる！

　それでも何かひと工夫したいと考えた2人。そこで登場したのが架空の人物「怪盗k」です。

　事件は、子どもたちが作った旗が盗まれて、あやしい黒い手紙が見つかるところからはじまる。手紙の主は謎の人物「怪盗k」。「絶対に取り返してやる！」と燃える子どもたち。手紙の中に入っていた公園の写真を手がかりに公園まで探しに行くと、旗のかわりに「今度は松渓公園に行けとの指令」の手紙。それで松渓公園に行くと「最後の指令をクリアしたら旗を返してあげよう」という手紙が見つかる。「どんぐりを袋いっぱい集めろ」などグループごとにミッションが課されていて、それを全部こなしたらみんなで声を合わせて「できたぞー！」と叫べ、と書いてあった。こうして怪盗kが小出しにするヒントをたどって各グループでミッションをこなし、無事旗も見つかった。ほっとして保育室に戻ると、またまた黒い手紙。怪盗kからの「みんなよくがんばったな」のメッセージと宝石（光る石）のプレゼントがあり、再び大興奮の子どもたちだった。

保育者がひっぱりすぎ？

　じつはこの年の5歳児クラスには、パニックになると目が離せない子もいて、秋になってもクラス全体がバラバラな感じでした。それがお楽しみ会ではどの子も夢中になり、円陣を組んで「できたぞー！」と声を合わせ

> 保育者のメモ
> 「怪盗k」は保育者の思いつき。普段の散歩で子どもたちが親しんでいる公園の1つ「松渓公園」の「松渓」→「小K」→「小文字のk」……というシャレ。

たときの子どもたちの一体感はすごかった、とふり返る岩井さん。単にファンタジーを楽しむのではなく、グループで公園までの道順を調べたり、力を合わせ励まし合わないと達成できない活動が子どもたちをここまで本気にさせたのでしょう。

> ひまわりぐみのみなさん、こんにちは。
> 私は怪盗k。
> 君たちはお楽しみ会で宝探しをするそうじゃないか。
> だがその宝は私が頂く。
> そして君たちが宝探しをできないように、君たちの旗は頂いた。
> しかし君たちにもチャンスをやろう。
> 旗を返してほしければ10/30にこの写真の場所に取りに来い。
> ただし旗はそれぞれ別の場所に隠した。
> グループで力を合わせて見つけてごらん。
> では10/30を楽しみにしている。
>
> 怪盗k

子どもたちが最初に受け取った怪盗kからの手紙。

　他の職員からは、あとの展開はどうするのか、保育者のひっぱりすぎではないかなどの意見が出されました。このころは、園全体としても子どもと対話的に保育をつくっていくことを大事にしようということはまだあまり意識されていませんでした。たしかに保育者主導で枠を決めてしまった面もありますが、クラスのみんなで「怪盗k」の世界に入り、ワクワクドキドキしながら一体感を味わうことができたことは、その後の子どもたちの関係を質的に変えるものとなりました。バラバラに遊ぶより、仲間とともに思考をめぐらせるおもしろさを求めるようになったのです。

②……自分たちで自分たちの生活を考えて実行する（2011年度）

賛否両論の中で

　「お楽しみ会」が「お泊まり会」にはじめて変わったのは、翌年の2010年度でした。宿泊については職員の負担感から疑問の声も出ていました。しかし、保護者の要望や5歳児クラス担任の提案もあり、数ヵ月にわたる議

論を経て、"今年はやるが恒例とはせず、次年度以降については改めて話し合う"、という条件でやってみることになりました。そしていざやってみると、さまざまな活動を通して子どもたちの成長や喜びの表情、友だちとの絆など、たくさんの発見があったことが確認され、次年度に向けた話し合いの中では慎重意見も出されたものの、2011年度も「お泊まり会」を実施することになりました。

見通しが持ちやすい「生活」を自分たちでつくる

担任は５歳児クラス担任２回目の實方さんと澤愛美さん。見通しがもちやすく身近な"生活"そのもの（とくに夕食づくり）を活動にすることで、自分で考え力を発揮できる活動にしていこうと考えました。園では「お泊まり会」ははじまったばかりで、子どもたちの不安は大きかったのですが、子どもたちといっしょに話し合いを重ね、当日のイメージを具体化していくことで、当日に期待を持てるように取り組んできました。「お泊まり会報告集」には次のように書かれています。

最初は、「お泊まり会ですること」について、「寝る」「ごはんを食べる」「お風呂に入る」など生活の基本のところからふり返り、普段はおとながリードしてつくっている生活の流れを、みんなでやるにはどうすればいいのかを時間をかけて話し合ってきました。話し合いを重ねていく中で、「夕ごはんを自分たちで作る」ということになりました。

夕食のメニューは子どもと話し合って決めることにしました。子どもたちからたくさん意見が出て、給食の先生にも相談し、最終的には出た意見の中から、調理活動しやすいものと担任が判断して、カレーに決めました。

このメニューの決め方については、お泊まり会のあとに行われた「５歳児実践報告・学習会」で、「子どもたちにいろいろ意見を出させておいて、最後におとなが決めてしまっては、子どもたちは意見を出してもどうせ取り上げてもらえないという思いになってしまうのではないか」という意見が出されました。子どもたちが出した意見をどのように取り上げていくか、最後まで子どもたちと話し合って決めることにはどんな意味があるか

は、次の年にも持ち越されるテーマとなりました。

練習を重ねて本番は楽しく

　ともあれ、担任がこのときに大事にしたいと考えていたのは、「最初から最後まで通して」子どもたちが自分たちでやりきる、ということでした。カレーの中味や味はグループ（5～6人）に任されており、何が必要かを子どもたちとじっくり考え合い、材料を買いにいくお店探険や、包丁の練習や炒める練習といった活動を事前に積み重ねてきました。子どもたちは少しずつ自分の思いを素直に出せるようになり、"自分の生活を自分でつくる"ということを実感しながら、活動に取り組んでいけるようになっていったそうです。当日の様子は、次のように記されています。

> 保育者のメモ
> 食事の材料など必要なものを、子どもたちだけで近所のお店まで出かけて買い物してくる活動はこの年からはじまりました。

　少しお部屋でゆっくり遊んで過ごしてから給食の準備に入りました。いつものように配膳をして、みんなそろってから「いただきます」をするのを待っている時でした。あと何人かが準備できたら全員そろうという時に、だれかが「大きな～♪　うただよ～♪」と口ずさみはじめると、それを聞いて一人、また一人といっしょに歌いはじめていました。「お腹すいた～」と言っていた子も、楽しそうに歌い出し、気づくと21人全員そろっての大合唱になっていました。子どもたちの中から自然発生した『大きな歌』の大合唱に、担任は思わず聞き入ってしまい、思わぬ場面で子どもたちが心を一つにしたところを見られて、とてもうれしくなりました。

　調理活動という目に見えやすい達成感、やり終わった満足感や安心感から、ふと心の余裕ができ、自然と口をついて出たのかもしれません。担任も次のように感じています。

　お泊まり会を通してのグループ活動の積み重ねは、話し合いの経験、お友だちとの協力、折り合いのつけ方、解決する力など、集団生活におけるとても大切なことを学べる機会だったと実感しています。達成できたという充実感や喜び、自信、そんな想いが表情にあらわれていました。

3）1人の子のつぶやきからはじまった元祖「川探険」(2012年度)
――ターニングポイントとなった夜のミーティング

「この川はどこまで続いているんだろう」

　2回のお泊まり会と、その後の全園でのふり返りを積み重ねるなかで、子どもたちの興味、好奇心にもとづいて、子どもの声に耳を傾けて、お泊まり会の内容を決めていこうという姿勢が職員のなかに次第に根づいていきます。第Ⅱ部で紹介した「川探険」の前の年にあたるこの年度こそ、この園ではじめて「川探険」に踏み出した子どもたちです。

　この年の5歳児クラス担任の坂田一彦さんと南野有紀さんは、お泊まり会の活動について子どもから何か言ってくれるのを春から待っていましたが、なかなか出てこなかったそうです。話し合いの場で投げかけると、「アメリカに行きたい」という意見が出たりして、子どもの言葉から保育をつくっていくむずかしさに悩むことになります。

　しかし、川沿いを散歩している時のれいくんの「この川はどこまで続いているんだろう」という"つぶやき"をきっかけに、川探険がはじまりました。子どもたちの思いを大切にし、お泊まり会も含めて一年間の活動をやっていけたらいいと考えた担任。川沿いを散歩するなかで、源流への子どもたちの好奇心が強くなり、みんなの気持ちがつながっていく手ごたえを感じます。そしてお泊まり会では、保育園から4キロほどのところにある善福寺公園の中にある源流を目指すことになったのです。その行程も、お泊まり会では少人数グループごとにおとながついて子どもたちの様子を普段よりもていねいに見ることができるので、できるかぎり子どもたちに任せてみようということになりました。

グループごとにコースも食事の時間も自由

　この年のお泊まり会の当日の様子は次のようです。

個々のリュックに水筒、バナナ1本、おにぎりを入れて4キロの川沿いを4つのグループに分かれて源流を目指しました。

　9月とはいえ暑さがかなり厳しく、熱中症が心配でした。グループにつく保育者は次の3つのことを確認しました。ひとつは源流までたどり着かなかったら乗り物を使って帰る。2つ目は目的地までのコースはグループごとに子どもたちと相談しながら決めていく。3つ目は水分補給とバナナとおにぎりをいつ食べるかは個々の子どもたちに任せることでした。

　このゆるやかなルールでおとなは子どもたちのやりたいことにじっくりつきあうことができました。子どもたちは"自分たちで考え進めていく"ことでとてもはりきっていました。あるグループは川沿いから見えた鳥居を見に寄り道しました。あるグループは虫とりに時間を使いました。あるグループは用意されていた写真つきの川のポイントを、クイズを解くように見つけていきました。あるグループはコースから外れて別の道に入っていきました。

　また、いつ食べてもよいとしたことから見えたのは、子どもたちはよく考えているということでした。はじめての休憩で早くもバナナを食べたりんたろうくん。でも、ちょっと一口だけ、あとはリュックにしまい込んでいました。ちゃんと考えていました。

　こうして、暑さと子どもたちのマイペースぶりに、どうなることやらというおとなたちの心配をよそに、全員、目的地に無事たどり着いたのでした。自分自身もワクワクしながら源流をめざした担任は、「全部子どもに任せたらどうなるか、一度やらせてみたかった。自分の力だけで行ったというのは、子どもたちの誇りになったと思う」と述べています。

園で子どもたちの姿が共有され、泊まることがあたりまえに

　それぞれグループの子どもたちにじっくりつきあい、子どもたちの声やつぶやきを聴き取りながら、子どもたちが遭遇する楽しさ、おもしろさ、不思議さにふれた職員は、その夜、子どもたちの発想や思考の豊かさ、感動をもちよるミーティングを行いました。大久保園長はそのときの様子を次のように語っています。

> 保育者のメモ
> 探険に必要なものを話し合ったとき、「バナナを食べると三千キロ歩ける」という子どもの発言がきっかけで、各自バナナを持って行くことになりました。翌年の「川探険」でも子どもの中から「バナナ」は必要との声があがり、同様の荷支度となりました。

この日の夜の反省会では、子どもの姿が生きいきと語られました。どの行動も愛おしくなんてすてきなんだろうと思いました。このときの夜のミーティングで"泊まる"ことが当然という雰囲気が職員の中にできていったと思います。子どもが生きいきとした活動は、何よりの説得力を持つものだと思いました。

　一方子どもたちも、自分たちで考えて決めて行動し楽しかった経験を友だちや保護者に語り継いでいったことでしょう。この年以降、子どもたちも、ひまわりさん（5歳児クラス）になったら"泊まる"ということを見通しとして持つようになっていきます。
　また、この年度の「5歳児実践報告・学習会」（下に一部抜粋）での話し合いにも見られるように、グループの中で子どもが自分の意見を出せたことが自信につながったり、自分の思いを受け止められて折り合いをつけることができるようになったことが確認され、グループにつく保育者も子ども

記録　「5歳児実践報告・学習会」での話し合い（2012年度小グループ会議）

B：ふだんあまり発信がないれいくんが、夕食のメニューについてやバナナについて発信している様子が聞けてよかった。
C（5歳児クラス担任）：れいくんにとって、自分の意見が通ったことで、自信になったのではないかと思う。
D：そのことで、その後変化はありましたか？
C：発言することが増えました。自分で手をあげて言ったことだったので、その後も自分で手をあげることが増えた。集団あそびも、少し様子を見てから入るようになってきた。受け入れられる経験って大事だなと思った。5歳児だからこそ、話し合える内容だと思う。
A（司会）：4～6人の小集団がよいという話が出たけど、それが証明されたんじゃないかな。記録に残せて、みんなで共有できたことが大きいと思う。バナナを食べるタイミングを個々に任せることは、新たな取り組みだったね。
E：少人数だとまわりにも目が届くし、話し合うにもいいと思う。少人数グループだけでなく、時々、他のグループと出会うのがおもしろかった。

（コースや食べる時間を子どもたちに任せたので、いろいろな選択があったことを出し合う）

A：みんなと違ってもいいんだ。自分で決めたことに意味がある。自分で決めたことだから納得ができる。
F：去年は子どもたちにとってわかりやすい取り組みだったと思う。それにくらべて今年は予想がつかない取り組みだったと思うけど、おとなが子どもを信頼しているからこその取り組みだったと思う。

たちのつぶやきや決めたことをフォローしながら楽しんで歩けたことを共有しています。そして、自分たちでやりたいことを出して、自分たちで目標を立て、自分たちで考えて決めながら実行していくことの大切さが確認されました。こうして未知なるものを探究していくことそのものを保育とする、そんないわば「探険文化」といったものが園内に芽生えていきます。一方で、この年の検討課題としては、川探険がお泊まり会以後続いていかなかったのはなぜか、といったことがあげられました。

4）「子どもとつくる」保育の探究

①……広がってしまう話し合い ── 2回目の「川探険」（2013年度）

いよいよ岩井さん・本郷さんが担当した5歳児クラスです。くわしい経過は、第Ⅱ部で紹介した通りですが、川の探険が決まるまでの話し合いで、子どもの意見を尊重すると言っても、おとなはどの程度話し合いに介入したらよいのかに、この2人も大いに悩みました。おとなと子どもが互いに主体的になって進めていくことのむずかしさを感じていた保育者たちやクラスの様子を、大久保園長は、次のようにふり返っています。

話し合いは「海水浴に行きたい」「ディズニーランドに行きたい」など壮大な話になってばかりで、お泊まり会が3週間後に迫っても決まりませんでした。さすがに担任はあせっていました。そして、ギリギリのところで決まったのです。つよしくんから「川の探険がいい！」と出たとき他の子もそれがいいということになり、この意見は担任の思いとも重なったのです。みんなでこの結論を待っていたような感じでした。前の年も川の探険をしていたので、イメージを持ちやすかったのでしょう。たちまち川の探険の話は具体化されていきました。

海を目指した川の探険は、お泊まり会のあとも、卒園するまで続けられました。担任の、どうしても海まで踏破させたいという思いと、ずーっと興味を持ち続けた何人かの男の子が求心力になって全員の活動へと展開していきました。壁に貼った地図に歩いたところの写真を貼っていきました。毎日この地図を熱心に

お泊まり会を前に、川の地図を見ながら話し合う。

見ている子がいました。そばを通る職員や見学者からも声をかけられ川の活動はみんなに注目されていきました。

この年度に行われた冬の「5歳児実践報告・学習会」では、その時も継続していた川の探険のおもしろさと同時に、収拾がつかなくなるくらいに広がってしまう子どもたちの話し合いをどうするのかが議論となりました。

②……念願の夜探険──普段の保育も「子どもとつくる」(2014年度)

3度目の5歳児クラス担任となった實方さんは、1・2回目の葛藤を経て、そして前年の2013年度の5歳児の影響も受けて、この年はお泊まり会に向けてだけでなく、4月から年間を通して「子どもの声を聴き取ることを生活・あそびのすべての出発点にする」ということを大切にしようと考えました。こうして、"子どもとつくる"保育が本格的にスタートしました。日々の散歩先も子どもに聞く、お泊まり会の夜も園外（公園）で探険するなど、徹底して子どもの声を大事にしてきました。年度はじめの様子が次のように記録されています。

4月にひまわり組に進級し、すぐにみんなでお泊まり会についての話し合いをはじめました。はじめは、「お泊まり会で何がしたい？」の問いかけに、「お絵かきする」「積み木がしたい」や「ん〜、わかんない」とお泊まり会そのもののイメージがまだわいていない様子でした。しかし、そんな中で「夜の探険」だけは、男の子たちの間で最初から案として出されていました。去年のひまわりさんから聞いた話やお泊まり会を経験した兄姉から聞いた話の中で子どもたちの印象に強く残っており、自分たちもやってみたい、という様子でした。そのあとも話し合いを重ねていく中で、「夜の探険」への思いは強くなり、昨年の夜の園内探険ではなく、「夜の妙正寺公園にドラキュラ探険に行ってみたい！」という子どもたちの強い思いが出てきました。

お泊まり会当日のタイムテーブルを書いて子どもたちが自由に使える時間を明らかにし、毎日のようにお泊まり会や探険について話し合いをするなかで、妙正寺公園の下調べやいろいろな公園のドラキュラ調べをしてい

❻ 1回目は2009年度のお楽しみ会で保育者がリードした「怪盗k」の探険あそび、2回目は2011年度の「カレーづくり」など子どもたちが"自分の生活を自分でつくる"をテーマにしたお泊まり会。

この年、妙正寺公園にあるドラキュラの棺（？）が、ついに開けられることに。

きました。お泊まり会は台風で延期になってしまったのですが、その間に「和田堀公園へカッパ釣りに行きたい！」という意見がとび出し、グループごとに作戦会議を行い、釣竿やキュウリを自分たちで用意して、カッパ探しも行うことに。もちろん、夜の公園探険も行いました。

　そして、お泊まり会後も、子どもたちの中でおばけ・妖怪ブームは続き、散歩先ではカッパやドラキュラを連想して探険ごっこを楽しんでいたそうです。

　3回目の5歳児クラスをふり返って、實方さんは、次のように述べています。

保育者のメモ

夏の夜7時ごろからなので、真っ暗ではないのですが、安全のため、警察の派出所にも協力をお願いし、地域の人にも見守られながら実施することができました。カッパ探しでも、たまたま公園で出会ったおじさんが「（カッパ）あっちにいたよ」と声をかけてくれ、一層盛り上がりました。

「子ども発信」「子どもの声を出発点にする」ということを、散歩や制作などの普段の活動から、遊び会やお泊まり会などの園の季節の行事まで、保育を展開するうえで常に心がけるようにしてきました。クラスの活動を考える時、小集団のあそびを考える時、自由あそびや生活の中でのなにげない会話など、すべての場面で子どもといっしょに対話しながら、その中での発言や、やりとりから活動につなげられることはないかを担任間で話し合ってきました。とくに5歳児クラスの恒例行事であるお泊まり会は、一から子どもたちと話し合い活動内容を決定していくので、毎年そのクラス独自の活動となっていきます。

これまで経験した5歳児クラスのお泊まり会（うち一回はお楽しみ会）では、それぞれの活動において、時間をかけ、子どもたちと話し合い、そのやりとりを経て、活動を進めてきました。そのたびに、「子ども発信とは、どういうことか」という葛藤を感じることがありました。子どもたちの声をすべてひろっていくことが子ども発信なのか。どこまで保育者の意図や意見を反映させていくべきなのか。常にそういった疑問や悩みを担任間・職員間で抱えながらの保育を展開させていく日々だったと思います。それでも、その年ごとの生きいきとした子どもたちの姿や新しい気づき、おもしろさ、やりがいもまた発見することができました。子どもたちが自分の思いや意見を実現し、仲間と協力してやり遂げる達成感や充実感を実感してくれていたことを、記録や活動後のふり返り、全園で行う学習会などから確認することができたことが保育者としての喜びでもありました。

❷ 「探険」文化はクラスをこえて、年度をこえて

子どもの声をどのように活動につなげていくのか

　これまで見てきたように、各年度の5歳児クラス担当の保育者たちは、それぞれに色合いの異なる実践を展開しながらも、「子どもの声を聴く」とはどういうことか、話し合いはどう進めたらいいのか、子どもの言葉をどのように活動につなげていけばいいのか、どこまで子どもにゆだねるのかという共通の問題に向き合ってきました。

　2011年度の夕食づくりは、保育者がカレーづくりという方向にもっていったことについては議論がありましたが、子どもたちが考える範囲に一定の枠をはめたことで、やることがはっきりして集中して取り組むことができました。

　それに対して、2013年度は子どもたちの声を大事にしようと思う保育者の気持ちが強いだけに、何をするかの話し合いで迷うことになりました。岩井さん・本郷さんたちの「川探険」実践を検討したその年の学習会では、「子どもとの話し合いは一定の枠を示しながら進めていかなければならないのではないか」「子どもから出た意見をそのままにしていてはどんどん話は広がって具体化できない。出た意見を一つひとつ取り上げて、果たして実現できるかどうか考えていく。考える過程でプロジェクト活動が立ち上がっていくかもしれない」ということが指摘されました。

　「子どもの意見を大事にする」とは、ふとしたつぶやきや、なにげない行動も含めて、子どもが表明しているメッセージを読み取りながら対話することだといえます。また、やりたいことを話し合うことと、子どもたちが興味・関心をもてるような環境を提供したり活動へ促したりして体験を保障することとのかねあいがむずかしく、課題になっているのだと思われます。

5歳の保育が園を変え、園の文化が5歳の保育を支える

　そして、こうした試行錯誤を、5歳児クラスの担当者だけのものにせず、年度をこえて、園全体での検討を積み重ねてきたことが、この園の特徴だといえるでしょう。大久保園長はこの数年間のお泊まり会の取り組みと学習会とをふり返って、次のように言います。

　子どもとおとなが相互主体的になる話し合いについてはまだ自信をもって進めているわけではありませんが、お泊まり会にふさわしい活動に突き当たるまで話し合いを続けてきたことで、子どもの発言から活動を展開させたいという担任の思いは、年を重ねるごとに明確になってきたと思います。そして、"子どもの意見を大事にして、そこから立ち上げた活動は子どもを主体的にさせる"というところは、他の年齢の実践にも、次の年の5歳児クラスにも生かされています。

　職員全体として、子どもの意見を大事にしてきた結果、園の中に「探険」文化が生み出されてきたともいえます。毎年、お泊まり会の内容は違っていますが、① 子どもの興味・関心から出発して子どもといっしょにつくることを大事にしていること、② 子どもの声をひろいやすく、子ども同士のかかわりが密になる小グループの活動を基本としていること、③ 子どもたちが疑問や問題を探究・解決するために調べたり観察したりする探険的なプロジェクト的活動であること、は共通しています。

5歳児クラスから他年齢クラスにも広がった写真入り速報"今日のようす"。保護者だけでなく、当の子どもたちもよく見ている。

　5歳児クラスのお泊まり保育の実践検討の積み重ねが契機となって、園の中で、「子どもとつくる保育」が共通の目標となっていき、子どもの中にもおとなの中にも、時間をかけて探険してもいい文化、何かにつけて地域での探険につなげていく文化がゆるやかに定着しつつあるといえるのではないでしょうか。このことは、まわりから「年長だから」「形にまとめなければ」とプレッシャーをかけられることなく、じっくり待っていてよい、安心してのびのび探険していられるというように、当の5歳児クラス担任にとっても、肩の力を抜いて子どもといっしょに楽しみながら保育をつくっていく大きな支えになっているようです。

荻窪北保育園の保育づくり――みんなで共有する記録

●小グループ学習会

それまでは全員参加の「総括会議」を半日かけて行っていましたが、報告だけで時間の大半を使いきってしまっていました。そこで、一人ひとりが活発に発言できるようにと5～6人の学習会をはじめました。メンバーは同じクラスの担任がダブらないように構成。年に2～3回、毎月の職員会議のうちの1時間を学習会に充てました。

●肯定的な視点からとらえた数行の記録をもとに

学習会で報告される記録は、最初は課題のある子に注目したものが目立ちました。継続的に記録することで、その子の育ちが見えてくるなど発見があった一方で、気になるところをたくさん出し合っても手立てが見えず、重苦しい話し合いが続いていた子どもがいました。ある時、その子がなにげなくつぶやいたことについて職員同士で話がはずんだことがありました。そしてその場面について説明しているうちに、前後の場面もよみがえってきて、その子の内面の物語が浮かび上がってきたのです。その後、他職員のその子を見る目も、その子自身も変わっていきました。こうした経験から、つぶやきを数行記録したものでも十分話し合えること、子どもの言葉を肯定的に聴き取ろうとすることで、子どもの豊かな内面が見えてくること、それをみんなで共有することで、子どもも変わってくることを実感した職員は、次第に気負いなく記録を書いて会議に出せるようになっていきました。

●5歳児クラスからはじまった写真つきの"今日のようす"

岩井さん・本郷さんの5歳児クラスでは、保護者にその日の活動を伝える"今日のようす"を、これまでの文章中心のものから、写真と文章のセットで伝える形に変えてみました。思ったより作成に負担感はなく、保護者にも好評でした。子どもたちの午睡中、これぞという写真にひとことそえて1枚の紙にまとめ、廊下に掲示するというものですが、それを一番先に見るのは子どもたち。クラス内の出来事や他の子の発見がその日のうちにみんなに共有され、川探険が発展していくカギにもなりました。

この"今日のようす"は、他クラスの職員や子どもたちの目にも入り、5歳の盛り上がりが園内に伝わっていくとともに、翌年には3、4歳児クラスでも同様の"今日のようす"を掲示するようになりました。どの子もまんべんなく写真に撮ろうとするとポイントがぼけてしまうことがあるので、どこにポイントを置いて何を知らせたいかを意識すること、少人数でも子どもが夢中になっている場面をとらえていくことなど、新たな課題も見えてきています。

●子どもたちも読めるひらがなの記録

職員は日頃から子どもの言葉を意識的に記録しています（言葉ひろい）。また幼児クラスの話し合いなどは、極力忠実に記録します。岩井さん・本郷さんたちが作成した卒園文集には、そうやって1年間に記録された子どもたちの言葉が大切に、全編"ひらがな"で再録されていました。子どもたちの物語を記録した、子どもたち自身が読めるこの文集は、卒園した子どもたちにとって、自分たちをふり返るすばらしい財産となることでしょう。

（大久保光枝）

あのときの5歳児保育をふり返って

　はじめはなかなか自分たちに自信がもてず、自分のことばかりしか考えられなかった子どもたちでしたが、さまざまな取り組みを通して仲間を感じ、その中で自信をつけていったくじら組の子どもたちでした。おとなからの評価ではなく、"自分たちでやりきった！"の気持ちが子どもたちの大きな自信になっていったように思えます。自分自身はじめての年長児担任だったこともあり、すごく悩んだ1年でした。と同時に子どもたちからたくさんのことを教えてもらった1年でもあったと思います。　　　　（西村建哉）

　この春には3年生になるあの子たち。今でもきょうだいの迎えに園にやってくる子もいて、私の手伝いで紙芝居を読んでくれたりします。そして「まだこんなことやってんだぁ。でも楽しかったよね。ぼくの好きだったのはね……」と話してくれます。そんな話を聞きながら目を閉じると、今でも鮮明にあのころのことが思い出され、幸せな気分になります。毎日いっしょに遊び、思い切り笑い合ったり意見し合ったりして、本気でした。私があの子たちに教えられた一番のことは"楽しさを追求することが、命を大切にすることだよ"ということでした。　　　　（富田靖子）

　川探険のきっかけはお泊まり会でしたが、地図上だけではなく、子どもたちが自分たちの目で2つの川が合流しているのを見たことで、川への興味がさらに深まり、卒園まで続きました。お泊まり会の時は一応下見をしましたが、その後は下見なしで、何が起こるのだろうとおとなも子どもといっしょにワクワクしながら探険を楽しみました。今でも、神田川をたどる番組に興味を示している子がいるという話を聞き、まだ川への興味が続いているようでうれしく思いました。　　　　（岩井友美・本郷亜希子）

あとがき

　2013年に本書の執筆に取りかかったときは、私自身の中にまだ『子どもとつくる5歳児保育』の明確な構想やデザインがあったわけではありませんでした。諸々の実践記録を集め、実践者から聴き取り、保育を観察し、保育者たちと語り合い、分析していくなかで、次第に5歳児の特徴や保育の構造・ポイントが明らかになってきました。

　幼稚園・保育園の中で5歳児は最年長クラスであり、保育者も保護者も子どもの成長に喜びを感じつつ、一方で、就学を前にして不安をもちやすい時期です。また、公立園の民間委託、保育の長時間化、保育者の世代交代、臨時職員の増加など、困難な条件はたくさんあります。そんな中で、肩の力を抜いて、楽しく子どもたちといっしょに保育をつくっていけることを願って、この本をつくりました。それにしても、いろいろな実践にふれるたびに、子どもたちのもっている力や感性のすばらしさに感動をもらった3年間でした。そして、それをひきだしたのは保育者であり、担任保育者による実践記録とそれにもとづく職場での討論があったからこそこの本ができあがったといえます。

　本書では、年齢別保育シリーズなので、「5歳児では」と述べている箇所が多々あります。しかし、それは可能性として記したのであって、各園の歴史・文化や子どもたちの状況は、実際はさまざまでしょう。4歳までの経験によっても保育の取り組み方は違ってきます。けっして本書に掲載された事例を自分の園にあてはめようとするのではなく、子どもたちの声を聴き、対話し、保育者の願いとの接点をていねいに探り、子どもたちの要求を高め実現していく保育を、子どもたちとともにつくっていただきたいと思います。そして、みなさんの実践によって、Ⅰ部の理論編で整理したポイントがさらに修正され、発展させられていくことを期待しています。

　最後に、執筆にあたって本シリーズにおける実践をとらえる枠組みや構造に関する視点を示唆してくださった監修者の加藤繁美先生、実践記録の提供やインタビューに応じてくださった実践者のみなさま、実践記録の収集や執筆の援助をしてくださったひとなる書房の松井玲子さんに深く感謝いたします。

　　　　（山本理絵）

監修者紹介
加藤繁美（かとう しげみ）
1954年広島県生まれ。山梨大学名誉教授。著書に『保育者と子どものいい関係』『対話的保育カリキュラム 上・下』『対話と保育実践のフーガ』『記録を書く人 書けない人』『保育・幼児教育の戦後改革』『希望の保育実践論Ⅰ 保育の中の子どもの声』（以上、ひとなる書房）、『0歳から6歳 心の育ちと対話する保育の本』（学研教育出版）など。

編著者紹介
山本理絵（やまもと りえ）
1961年大分県生まれ。愛知県立大学教育福祉学部教授。保育場面を観察したり、保育者とともに保育実践の検討を行ったりしながら、保育方法を探究している。共著書に『異年齢保育の実践と計画』『すべての子どもの権利を実現するインクルーシブ保育へ』（以上、ひとなる書房）、『気になる幼児の保育と遊び・生活づくり』（黎明書房）など。

実践記録提供者一覧 （所属は実践当時）
古賀さゆり・富田靖子・松原圭佑・小西文代・福田昭子（愛知・こすもす保育園）
正岡豊・西村建哉・東松錦代（愛知・のぎく保育園）
岩井友美・本郷亜希子・大久保光枝・實方亮輔（東京・荻窪北保育園）
佐野佳穂（T保育園）
田中那路子（愛知・けやきの木保育園）
渡辺智美（三重・こっこ保育園）
工藤康晃（愛知・くまのまえ保育園）
愛知県岩倉市公立保育園

コラム執筆者一覧 （所属は執筆当時）
磯崎園子（絵本ナビ編集長）
島本一男・大塚英生（東京・長房西保育園）
木村歩美（NPO法人園庭・園外での野育を推進する会）
太田絵美子（NPO法人アーキペラゴ）
宮武大和（北海道・トモエ幼稚園）

＊本シリーズは、神田英雄・加藤繁美両氏の監修のもと、執筆を担当した研究者が、多くの実践者・研究者とともに、実践の場から学びながら、研究と議論を重ねる過程で生み出されてきましたが、シリーズ1冊目の『0歳児巻』完成を前に神田英雄氏が病に倒れ、他界されました。3～5歳の幼児各巻については、加藤繁美氏監修のもと、神田氏の思いとそれまでの議論を引き継ぎ、新たな体制で執筆・編集されました。（ひとなる書房編集部）

＊本書には現場の保育者の手によりまとめられた実践記録、学習会・研究会等で報告された実践事例を数多く収録しています。それぞれの実践の分析や位置づけについても、保育者ご自身の考察や、園の職員のみなさんとの間で議論されたこと・確かめられたことに多くを学び、本文に反映しています。ご協力・ご教示いただいた方々に心より感謝いたします。なお掲載にあたっては、プライバシーに配慮して、子どもの名前は原則仮名とし、個人を特定する事実関係は一部変更・割愛しています。また適宜要約・編集しています。（編著者）